中国旅游发展年度报告书系
Annual Development Report of China's Tourism

# 中国旅游集团发展报告 2013

——商业研发与自主创新：中国旅游集团成长新动力

Annual Report of China Tourism Groups Development 2013

中国旅游协会
中国旅游研究院

北京·旅游教育出版社

## 《中国旅游集团发展报告2013》编委会

主　任：杜　江　吴文学
副主任：刘士军　戴　斌
编　委（按姓名音序排列）
　　　　保继刚　戴　斌　李天元　马　波　马耀峰　田　里
　　　　肖洪根　谢彦君　张凌云　郑向敏　周玲强

## 《中国旅游集团发展报告2013》编写组

主　编：戴　斌
执行主编：吴丽云　李仲广
编写组：李仲广　吴丽云　杨彦锋　陈　旭　杨宏浩　战冬梅
　　　　何琼峰　蒋艳霞　宋子千　唐晓云　宋慧林　王　娟
　　　　龙　飞　胡卫伟　姚静姝　王　旭

# 目 录
CONTENTS

在 2013 中国旅游发展论坛上的讲话 …………………………………… 杜江 1
大众旅游休闲引导科技应用与商业研发 ………………………………… 戴斌 3

## 第一编　中国旅游集团发展报告

### 第一章　一个自主创新的时代正在到来 …………………………………… 2
　　一、快速变化的旅游市场格局和消费模式推动旅游产业变革 ………… 2
　　二、社会商业接待体系和生产要素的完善为旅游创新提供了坚实基础 …… 6
　　三、国家战略对旅游产业创新提出了全新要求 ………………………… 7
　　四、旅游企业已成为自主创新和商业研发的关键主体和重要引领者 …… 10

### 第二章　创新主体：从自发的策略走向自觉的战略 ……………………… 12
　　一、技术应用和商业模式已成为旅游企业创新的重点 ………………… 12
　　二、自主创新推动现代旅游业建设和新业态发展 ……………………… 16
　　三、商业研发是推动旅游集团成长的重要动力 ………………………… 19
　　四、体制创新为现代旅游服务业提供了更加开放的发展空间 ………… 23
　　五、理论创新引领和推动现代旅游服务业的建设 ……………………… 24

### 第三章　从技术应用、组织变革到平台整合：创新载体推动旅游业变革 …… 25
　　一、推动旅游消费方式和生产方式的变革 ……………………………… 26
　　二、全面提升旅游体验 …………………………………………………… 29
　　三、助力旅游业可持续发展 ……………………………………………… 30
　　四、为政产学研紧密合作提供平台 ……………………………………… 33

### 第四章　创新模式的全面探索 ……………………………………………… 40
　　一、饭店业的创新 ………………………………………………………… 40
　　二、旅行社业的创新 ……………………………………………………… 43
　　三、景区业的创新 ………………………………………………………… 45

  四、旅游业典型创新 …………………………………………………… 47
**第五章　让商业研发和自主创新成为旅游集团成长的新动力** ………… 57
  一、研发和创新方向：推动旅游产业更加多元、更高层次的商业创新 …… 57
  二、研发和创新指导思想：面向当代旅游需求，
    全面构建现代旅游服务业体系 …………………………………… 58
  三、重点工作：建设政府、企业、学界三位一体的研发创新体系 ……… 60

## 第二编　中国旅游发展论坛专文

中国科学技术与产业发展　高志前 ……………………………………… 66
科技创新与迪士尼乐园的发展　Andrew A Bolstein ……………………… 74
新技术与产品研发　吴永强 ………………………………………………… 78
研发和创新的组织　韩录海 ………………………………………………… 86
技术驱动业务发展和创新　陈建 …………………………………………… 93
铂涛启程　扬帆领航　彭玉冰 ……………………………………………… 97

## 第三编　中国旅游集团景气调查报告

2013年第一季度旅游集团景气调查报告 ………………………………… 100
2013年第二季度旅游集团景气调查报告 ………………………………… 116
2013年第三季度旅游集团景气调查报告 ………………………………… 129
2013年第四季度旅游集团景气调查报告 ………………………………… 148
附件：2013年中国旅游集团20强 ………………………………………… 168

# 在 2013 中国旅游发展论坛上的讲话

国家旅游局副局长　杜江

同志们、朋友们：

上午好！

值此 2013 中国旅游发展论坛召开之际，我代表国家旅游局向每年一度的业界盛会表示热烈的祝贺，向光临论坛的各位代表致以亲切的问候，对海航集团和海南有关方面为大会提供的支持表示衷心的感谢！

本次论坛以"商业研发和自主创新"为主题，深入研讨旅游集团和旅游企业的发展战略，对此我深表认同。当前，我国正在加快转变经济发展方式，旅游业也相应进入了全新的战略机遇期和发展调整期。在这一进程中，商业研发和自主创新将成为我国旅游经济，特别是旅游企业创新发展的主要驱动力。我们有理由相信，企业对包括科技应用、商业模式和人力资源在内的要素投资，将获得旅游市场的积极回应。当前，国民大众的消费已经成为支撑旅游经济运行基本面的决定性力量。在刚刚过去的这一年里，公务接待回归常态，商务旅行相对企稳回升，国民的旅游休闲消费则保持较快的增长势头。旅游市场持续向国民大众消费回调的基本形势，正在倒逼传统旅游企业更加重视内涵式发展和业态创新。从现状来看，信息技术和移动通信，还有材料科学和业态创新的智慧旅游将成为当前和今后一个时期旅游企业发展的主要推动力量。旅游集团，特别是包括各位在内的大型旅游集团依然是市场主体创新发展的基础，而更多新型业态的涌现，以及彼此之间有序的合作与竞争则表明我们的产业充满了生机与活力。正是基于对产业发展态势和规律的科学研判，国家旅游局将"智慧旅游"作为明年的主题，意在推动创新发展，便利旅游消费，打造中国旅游经济的升级版。

同志们，朋友们，从会议日程上看，一批企业家和专家学者将围绕着旅游集团的商业研发和自主创新发表真知灼见，并有深入的讨论。借此机会，我想就旅游企业的科技创新谈几点希望，供同志们参考。

我希望企业家朋友们在思想上更加重视商业研发和自主创新，重视科学技术在旅游产业发展中的应用。我们的企业家可以不是科学家，但不能不懂科技进步和应用研究的最新成果。

我希望旅游企业的商业研发和自主创新能够引领行业发展。科技是中性的，现代业态可以有，传统业态也可以有，广大旅游企业特别是传统业态要积极推动商业研发和自主创新，加快向市场化经营和现代化生产过渡，让科技真正成为驱动产业创新的强大力量。

我希望大家将"游客为本，服务至诚"的旅游行业核心价值观作为研发和创新的应用方向，这是因为只有回答好"旅游发展为了谁"的理念问题和服务好游客的核心诉求，我们的市场创新才有持久的生命力。

最后我希望大家认识到人才的重要性，加强产学研之间的合作交流，不断提升科学技术、人文知识、教育培训和专业人才等现代服务业要素在旅游领域中的应用水平，使产业界见贤思齐，树立声誉优良的行业形象，形成更具国际竞争力的产业支撑。

预祝本次论坛圆满成功！

# 大众旅游休闲引导科技应用与商业研发

中国旅游研究院院长　戴斌

尊敬的国家旅游局杜江副局长，同志们，朋友们：

上午好！

整个上午的发言都是科技和商业领域的专业人士，对我这个文科生来说确是一个难得的机会。求学时代有"穷文富理"之说，意思是家里面不富裕，就选学文科，因为不用花钱做实验、见世面什么的，只要会听、会读、会写、会讲，加上一些先天的悟性大体上就成了。从一己经历来看，这句话应该说有一定的道理。小时代在皖北的乡下，最喜欢干的一件事情是掰玉米粒子。小孩子都是贪玩的，没有几个喜欢半天都在做重复劳动，能够吸引我和小伙伴的是邻家大婶特别会讲故事。她每次把少年儿童聚在一起，一边掰玉米，一边讲民间故事：白骨精再怎么变，也逃不过孙悟空的火眼金睛啦；岳家军大败金兀术啦；还有那个笨笨的梁山伯，人家祝英台怎么启发都觉不出她是女的，真是把听的人都急死了。现在想来，正是一个又一个夏日夜晚大婶讲述的传说与故事，为自己开蒙了文学和历史的感觉。

故事听多了，就会想象那些故事发生的场景、人物和空间，就想要是能够亲眼看一看该多好啊！今年九月份我和上海迪士尼总裁马克先生有个专门的会谈，他问我对迪士尼和中国市场的看法，我就跟他说了这个听故事、学中文的记忆。有了迪士尼，现在的孩子们就不仅可以听故事，还有机会看到真实的场景和人物，能不开心吗？再说，那些卡通动物多可爱啊，你看迪士尼影片中的猫汤姆总是笨笨的，总被老鼠杰瑞调侃来调侃去，捉弄个不停，但最终它俩还是好朋友。我带女儿去香港迪士尼，她围绕各种各样的动物照相，大半天都离不开。刚才迪士尼的副总裁在演讲中向我们展示了他们强大的科技和创意能力，相信明天一定可以吸引大量的游客。可是那些和我一起长大的玩伴和同学，又有多少人有机会去看看外面的真实世界呢？又有多少人能够带孩子去香港看迪士尼呢？他们中的大多数还不是如萧红女士的《呼兰河传》所描写的那样，在有限的空间出生、长大、年老，无声无息地活了一生。现在我们回忆那些儿时的游戏，推铁环、拍泥饼子，还有弹玻璃球，都是非常美好、也很温馨的记忆。其实，美好的不是那些因陋就简的游戏，而是自己一去不复返的童年罢了。

童年很快就会过去，小孩子就会背起书包上学去。那个时候没有什么有声读物，除了偶尔看个《葫芦娃》《渔盆》之类的露天电影，也没有什么值得记忆的开心事，大部分时间都是用来学习，背唐诗、宋词，读百家姓和《论语》中的"子曰""诗云"什么的。现在想来，并不是乡下的孩子爱学习，而是没有迪士尼、水世界、野生动物园和海洋世界可供选择，城里后来开了公园，有了旋转木马什么的，但也没有钱进去。现在条件好了，对女儿最大的心愿就是带她去全世界好玩的乐园，而不是希望她即使在节假日也要关在家里读书学习。马克总裁在上海与我拍了张合影，说以后可以凭着照片去世界上任何一个地方的迪士尼乐园。回家跟女儿一说，她高兴得要命，今天公司的高管在这里，请回去跟总裁先生说，我还记着这个账的哦。

读书、求学、工作，一步步走过来，总觉得自己很是幸运。很多过去的小伙伴别说在今天这样的舞台上跟大家对话，可能很多连中学都没有毕业就回乡下去了，读大学的就更少，很多过去的小伙伴没有机会看到迪士尼，看到欢乐谷。但是他们也有这样美好的愿望，也有让自己孩子追求快乐童年的权利。经过改革开放以来三十多年的奋斗，老百姓现在多少有一点闲钱和时间，愿意、也有能力出去玩玩了。14亿人口的休闲与观光需求，一旦释放出来，这个量不得了啊！这就是我们旅游和休闲企业最大的市场基础，也是科技研发和商业创新最大的现实支撑。或者说，支撑旅游产业科技进步的根本动力，不是产业政策，也不是科技本身，而是千千万万中国老百姓的日常生活所需。我们的科技进步应当、也必须始终关注老百姓的日常需要，只有把科技进步牢牢建立在我们父老兄弟日常生活中的休闲和旅游权利的实现上，我们的旅游企业，我们的科技政策才会有真正的市场基础。否则你可以把卫星发射上天，可以把人送到月球，却不能给老百姓带来触手可及的幸福与温暖。中国是一个勤劳的民族，可是我们也有休息和娱乐的权利。旅游和休闲固然有教育的功能，可是普通大众最需要的是触手可及的日常快乐，不可能爬个山还要背诵孔子怎么说的，登个楼还要朗诵某个大诗人的经典作品，那样的话就太累了。"人民群众对美好生活的向往，就是我们的奋斗目标"，让老百姓闲暇时有个乐子，让青少年有个轻松的假期，老了有美好的回忆，应该是我们努力的方向。

同志们，朋友们，明确了国民大众旅游休闲的现实需要，也就明确了商业研发和自主创新的方向，接下来让我们一起思考旅游休闲产业演化的路径吧。

由于大学读企业管理专业，那个时候最喜欢读的书是商业领袖传记，其中印象特别深刻的有被称为日本"经营之神"的松下幸之助的《生活·工作·梦》。他说的创办松下企业的最终目标"是让国民财富能够像自来水那样取之不竭，用之不尽"，并为此付出毕生的努力。在自己的职业生涯转换过程中，总是希望找到一个标杆人物、标杆组织作为前行的目标，希望有一天可以超越他们。当然，后人也会不断超越我们的。除了国际企业家传记以外，有一个人的传记给我留下特别深刻的印象，这个人叫作盛宣怀，是晚清的实业家，中国的第一个电报、电话局，还有大规模修建的铁路都与他有关。他的传记中有一段话给人留下深刻的印象："不管坐火车抓革命党，还是使用电话、电报通电起义，我只管把这个基础设施修起来"。这体现了在追求国强民富的现代化进程中，有担当意识的实业家自觉利用现代科学技术将传统的人力、土地和资本要素转换成现实生产力，而不只是停留在实验室里面。也就是说，只有当科技与现实的商业实践相结合，才能够实现经济的发展和人民生活水平的提高。

当企业家敏感地意识到时局的变化和前进的方向时，他就会强烈地关注科学技术的进步如何能够与最大多数老百姓的现实需求相结合，然后运用自己的商业能力将之转化成可以消费的产品，转化为可以复制、扩展的商业模式。现在香港最大的出租车公司是当时经营马车的一家公司转型而来的，在马车主导公共交通的时代，它是行业的标杆，也是马车协会的主要领导者。有一天，出租汽车出现了。当时感觉到威胁的马车协会组织起来，禁止出租车进入公共交通市场。当这家企业意识到出租汽车替代马车是不可避免的趋势时，很快把马车全部卖掉了，买了大量的出租车，成功实现了大变动时代的商业转型。

改革开放的第一代中国商人和企业家是靠政策套利吃饭的，也可以说是靠着自己的原始感觉成长起来的。慢慢地，这些企业家完成了原始积累，资本可以雇佣劳动力了，于是资本成了第二代企业家的重要标志。今天的商界，驱动企业成长的要素更加多元化，资本、技术、劳动、人才共同推动了经济的发展和财富的创造，这就是大势，也是所谓的时局吧。

具体到旅游业，20世纪70年代末到90年代末的二十年时间，是入境旅游高速增长的时代，国民旅游需求对市场创新的支撑作用几乎可以忽略不计。

1999年国庆节第一个旅游黄金周之后，国民大众主导的旅游市场进入了高速成长期。第一代旅游企业家敏锐地把握了市场需求和消费模式的变化，很快获得了市场成长的红利，赢得了社会的尊重。现在想起来，并不是我们的创业团队卓越，甚至也不能说我们的商业能力多么强大，而是很多人仍然在体制内很舒服地躺着的时候，在绝大多数旅游从业人员还认为入境、观光、团队是市场常态而不愿意做出改变的时候，第一代企业家率先意识到了国民旅游市场的重要性，率先运用现代商业手段改造了传统的服务业，在传统和体制之外的增量市场上获得了财富。旅游产业的第二个阶段则是靠资本驱动的，或者说谁拥有资本运作的能力，谁就把握了市场的主动权。在世纪之交，经济型酒店、基于互联网的旅游代理商开始萌芽，很快以如家、七天和携程为代表的新业态就获得了商业上的巨大成功。回过头想一想，这些企业成功的背后就是因为有了风险投资，有了对国际上成功的现代商业模式的移植与创新。

如今，更新的业态如去哪儿网都已经在美国纳斯达克成功上市了，后面还有蚂蜂窝、世界邦、亚朵等更加新锐而时尚的商业创新，都让我们感觉到商业模式和技术模式融合的力量——非资本要素已经开始成为推动产业变革与商业创新的全新动力。铂涛、华住、布丁、亚朵等已经注入了科技和时尚元素的新型市场主体，除了对旅游市场走势和资本市场的把握，越来越注重技术的变革和人文价值观的变迁。我看过布丁酒店杭州最新的店——Z酒店，也称"智尚酒店"，肯定会对现有的中端酒店市场形成新的冲击。还有铂涛酒店集团的品牌战略，也可能对中高端酒店的产业存量造成革命性的冲击，就像我们当初没有意识到携程也可以成为旅行社的替代品一样，也许有一天我们睁开眼睛，世界就已经大不一样了。

同志们，朋友们，科学技术正在日益成为与资本同等重要的生产要素，当充满激情的年轻创业者进来之后，当像迪士尼这样具备国际视野的企业和拥有技术与文化双重创新能力的企业进来之后，我们的旅游企业和商业领袖又该如何应对呢？

**我希望旅游产业的发展和科学技术的应用能够有正确的商业思想引领。** 从商业思想和市场导向上看，必须始终把包括商业研发和自主创新的市场行为深深植根于国民大众的旅游需求中。如果说中国的旅游企业、我们的企业家可以在世界范围内发挥更大的作用，我相信一定是中国广阔的市场和老百姓日常旅游休闲的基础在支撑。2013年，中国的国内旅游市场是33亿人次，2014年这一数字可能会超过36亿人次，如此巨大的市场规模足以让我们的产业进步变得更有底气。

**我希望我们的企业家能够真正从老百姓旅游休闲生活的核心诉求出发，把那些可以利用的科技快速商品化，而不一定追求科技本身有多么先进。**对于旅游企业来说，更多的工作就是技术应用，少量的企业甚至可以利用技术形成市场壁垒。今天在座的海昌旅游集团，他们培育帝企鹅是全世界最厉害的，我听说一个企鹅蛋的价值就差不多可以买好几辆车。将来领先的旅游企业要么拥有文化创意，要么拥有技术，而且这个技术和文化还必须是能够让老百姓感受得到的。

**我希望我们的企业家可以发自内心地尊重科技，尊重知识，尊重人才。**知识是驱动技术进步的源动力，人才是科学技术的载体，我们不能再使用传统的劳资关系看待新型的生产要素——"我是老板，你是我的打工者"，而应当是彼此尊重，共同分享。虽然目前中国还不完全是一种网络状的商业结构，但大家可以感觉到多权力中心博弈正在慢慢形成一个相对均衡的市场体系。在这个逐步走向新的均衡过程中，企业家要客观认识自己的价值和作用，不能觉得自己过去成功，将来按既有的路径走也一定可以成功，尤其不能觉得有钱就可以雇用一切。事实上，今天的社会已经是一个资本、技术、人才诸要素共同创造财富，也共同分享财富的新时代了。当且仅当牢牢把握大众旅游休闲需求的变迁，主动应用当代科技，充分尊重知识，发自内心地尊重人才，我们的企业才可以走向可持续发展的未来。

**我希望国家创新的战略不仅符合国家发展的需要，也要符合国民大众旅游休闲生活的需要。**我中学的时候看过一部电影叫作《火烧圆明园》，印象特别深刻的镜头就是八里桥之战，无惧牺牲的大清勇士骑着马，拿着长矛往前冲，侵略者列队举着火枪瞄准射击，看着士兵一个接一个倒下去，再冲上去，不解地摇着头。观影的青年学子无不泪如雨下：国家的强盛需要勇于牺牲的精神，但是更需要真正的实力，我们不能让历史悲剧重演。悲剧在于一方面很悲壮，另一方面没有自信，实力不如人啊！到了今天，我们终于可以感觉到国家的层面上对于科技和技术，对人才的尊重。政府可以国家之力搞基础研发，搞大项目，但是通过市场化让大多数国民分享科技进步的成果，完全靠政府的力量则是不够的。党的十八大提出：人民群众对于美好生活的向往，就是我们的奋斗目标。人民群众的满意，特别是广大游客的满意就是旅游发展的最高目标。让市场发挥决定性作用的同时，更好地发挥政府的作用，通过产业政策和示范行为来营造一个旅游与科技融合发展的良好外在环境。

最后，我还想为旅游市场主体和我们的企业家鼓鼓劲。旅游集团20强排序的作用，一个是鼓劲，一个是引领。杜江副局长在致辞中谈到科技要以人为本和服务作支撑，事实上提出一个科技发展的伦理命题，即用什么样的价值观来引领科技发展的问题。当我们觉得科技无所不在的时候，可能另外的一个魔鬼就出来了，以为科技无所不能并可以主导一切。这个时候就需要人文精神来引导科技应用和市场发展。通过科技政策的制定，通过标杆企业的示范，引领旅游与科技的融合发展始终沿着正确的轨道。只有这样，我们的国家才会变得更加强大，民族的复兴才有一个稳定的基础，才有一个可行的平台帮助老百姓实现美好生活的梦想。

科技，就在你我的身边，也在老百姓的日常生活里。科技，让生活更美好！

谢谢大家！

# 第一编
中国旅游集团发展报告

# 第一章　一个自主创新的时代正在到来

我们正在经历一个旅游产业大变革的时代。市场需求正发生着日新月异的变化，以休闲、自助、个性化为特征的新需求正逐步取代以观光、团队、标准化为特征的传统需求，从而推动产业界发生与之相适应的变革。现代科技、信息技术的广泛应用，把更为科学、先进、高效的经营管理手段带入旅游产业，旅游企业通过商业模式、产品、营销创新等多种方式改变传统业态，推动旅游业由传统服务业向现代服务业转变。国家对旅游业战略性支柱产业和人民群众更加满意的现代服务业的定位将旅游业发展提升到前所未有的高度，旅游业面临急迫的转型升级的需求，旅游业的革新势在必行。在市场、产业、政府的多重引领之下，一个自主创新的时代正在到来。

## 一、快速变化的旅游市场格局和消费模式推动旅游产业变革

随着我国经济社会持续稳定发展，旅游需求和市场规模日益扩大，行业供给结构日趋完善，充分表明了我国旅游经济已经进入了以国民旅游需求大规模释放为典型特征的大众旅游发展新阶段。旅游大众化阶段，旅游活动不再是少数人的生活奢侈品，开始成为广大群众的日常消费，成为人们必要的精神需求。普通民众参与国内旅游，而大量的中产阶级广泛参与到中近程的出境旅游。在现实生活中，旅游已经成为老百姓的日常消费选项。在规模日趋扩大的旅游市场需求中，国内旅游者已经成为绝对的消费主体。2009年，我国确定了"全面发展国内旅游、积极发展入境旅游、有序发展出境旅游"的发展原则。

当前，我国人均国内生产总值已超过6000美元，居民旅游意愿显著增强，中国旅游进入大众化的发展阶段。旅游走入寻常百姓家，全民旅游的局面已经形成，国务院批准每年5月19日为"中国旅游日"。中国旅游业的发展目前正

进入一个黄金发展期。2013年旅游接待总人数34亿人次，同比增长10%；旅游总收入2.87万亿元，同比增长11%。而预计到2020年，中国国内旅游将超过50亿人次，旅游总收入将达到4.5万亿元。

旅游目的地由散点接待向全域接待的转变急需创新支持。目前，以自主、自助和自由行为代表的散客已占到国内旅游市场的97%，我国已进入散客化时代。散客化时代对旅游目的地接待体系和城市管理带来新的挑战。团队旅游时代，游客在旅行社的组织下，以散点形式接触旅游城市。旅行社将散落在城市的景区、宾馆、餐厅、购物店用旅游线路串联起来对游客销售，游客对旅游城市的接触和感知是在旅行社的精心组织之下、以半封闭形式进行的。旅游业停留在"小旅游"层面，主要涉及"吃、住、行、游、购、娱"等六要素。散客时代下，游客以珍珠散落形式分散到城市的每个角落，自主接触全开放的旅游目的地城市，全面考验一个城市的经营、管理水平和基础设施、公共服务体系的建设和完善情况。旅游业步入"大旅游"层面，旅游活动已经与城市的交通基础设施、生产服务、生活服务和社会服务的每一个要素相关联，远远超出六要素的范畴。在散客化和自由行的消费模式下，城市的设施设备和服务很难区分出哪些是为市民服务的，哪些是为游客服务的。现代城市旅游的发展，也正在从团队旅游时期简单的城市地标观光游览，转向市民休闲生活的品味和城市文化内涵的解读。根据世界旅游组织的调查，绝大部分城市旅游者都参与了博物馆、美术馆、演艺、节庆等公众文化活动。在新的旅游消费形态下，旅游目的地接待城市既要传承悠久的历史传统、厚重的文化积淀、承载地域特征的风土人情、传统习俗、生活方式和价值观念，也要以更加开放的心态积极吸纳世界各地的现代元素，以适应持续变化的游客需求。都市旅游需要在当代科技和商业规则的基础上，积极进行面向未来的创新。无论是打造游客和市民共享的公共服务体系及基础设施体系、完善以游客体验提升为导向的产品标准化和管理规范化等管理工作，还是利用当代科技构建智慧旅游体系，打造智慧旅游城市，智慧旅游景区等都是旅游目的地城市在散客时代需要进行的创新和突破，从而以更加优质、高效、稳定的服务适应市场发展的需求。

旅游市场的繁荣不仅仅为目的地创造了巨大的商机，也为中国旅游企业提供了难得的成长机遇。消费观念的变化同样改变了旅行服务业的运作模式和产品形态。传统旅行社的团队、观光、包价旅游模式正面临市场需求变化的挑战。在休闲化、个性化、我的旅行我做主的消费需求推动下，去哪儿网等垂直搜索引擎、携程网、艺龙网等OTA，蚂蜂窝网、穷游网等旅游社区开始出现，它们以信息技术和网络技术为支撑，以满足游客个性化需求为目标，提供游客所需要的单项或组合产品。上述企业的出现，正日益改变着旅行服务业的产品和服务提供模式，推动旅行服务业向更加精细、专业、个性化的方向发展。

2013年以来，面向散客、大众市场的旅游企业保持快速发展，以万达集团将旅游板块定位为主营业务、布丁酒店扩大融资和区域扩张等为代表的产业创新活动继续推动旅游产业发展。开元、海航等企业跨国并购取得新突破。以二星级为代表的经济型酒店市场环比回升明显。携程净营业收入第一、第二、第三季度分别同比增长27%、28%、32%。

出境旅游方面，2012年，中国以8318万人次的海外游客、1020亿美元的旅游消费成为世界最大的旅游消费国，并引起了全社会的关注。在世界旅游业界分享"中国红利"的同时，一批出境旅游批发商的品牌开始形成，推动了携程、众信、华远、凯撒等出境旅游批发商的快速成长。

在宏观调控和《旅游法》实施的背景下，旅游业急切需要主动适应外部环境变化，客观把握旅游市场演化趋势，积极关注大众消费需求和散客需求。受国际环境及自身发展方式调整的影响，近年来我国经济增长速度放缓，对旅游经济运行产生一定的影响。以厉行节约为核心的八项规定、六项禁令等新政的出台，也对高端餐饮和高端酒店发展产生影响。1~7月全国餐饮业收入增长8.8%，增速大幅低于去年同期的14.7%。交通客运总量增速从去年同期的8.2%下滑至5.8%，铁路和民航客运量增长较快，公路和水路客运量增速大幅下滑。今年上半年全国旅行社组织国内旅游人次下降了18%。全国星级饭店的出租率和营业收入有不同程度的下降，第一季度大幅下降，第二季度略有回升。五星级酒店等高端市场下降明显，各项经营指标在第二季度继续下滑。

旅游法实施将对旅行社零负团费经营、景区门票等有较大影响，将促进市场公平竞争和价值规律发挥作用。由于立法禁止了旅行社通过安排定点购物和另行付费旅游项目获利的经营模式，引发旅游市场"洗牌"。11月以来，出境游等长线旅游价格下降现象引起媒体和社会高度关注。4日，钱江晚报报道旅行社为了销售"预订库存"，酒店、航空等供应商主动降价，使东南亚游的线路、机票价格最近出现"史上最低价"。7日，宁波晚报报道当地受传统的出游淡季和近几个月旅游线路涨价影响，旅行社客源减少，降价成为吸引游客的利器。在不少传统旅行社团队报名人数大幅下降的同时，以携程、同程和途牛为代表的在线旅游服务商的游客量不降反升。相比去年同期以及旅游法实施之前，报名人数明显增长，团队游、自由行、半自助游产品的业务量都进一步提升，门票、邮轮、当地游、租车等新兴业务增长也很迅猛。从结构看，旅游法使不正常的低价格回归明显，团队游产品价格差距变小，优质产品更受到旅游者欢迎。旅游市场秩序优化、旅游投诉下降和旅游意愿的提高，对散客市场和网络预订非常有利。线上旅行社也抓住机遇，乘势发起了一拨新的业务攻势，市场占有率不断提升。

以国民大众和散客消费为特征的旅游市场的变化要求旅游产品、服务及品质同步跟进。2012年国内旅游人均消费支出为767元人民币左右。这意味着当前旅游经济还处于一个大众旅游发展的初级阶段，广大的老百姓还没有很大的支付能力去享受非常高端的旅游。一些新兴业态之所以能够成长起来，像如家、7天这样的经济型酒店能够成长起来，像去哪儿网站这样的新业态，像携程、艺龙等这样一些网站能够成长起来，很大的原因就是国民旅游者对价格的敏感性远远地超出我们的想象。他们更多的是追求"有没有"，而不是"好不好"。当前我们经济发展阶段还是要重点解决"有没有"的问题，就是能不能让最大多数的人群去享受旅游。

与此同时，旅游已成为一种常态化的生活消费，游客的消费需求和评价标准不断提高，由最初的"走马观花"向"深度旅游"跃进，由"有没有"向"好不好"转变，更加便捷、多元、个性化、高品质的旅游产品、服务日益成为新时期游客的新需求。面对变化了的外部环境和市场需求，旅游业界需要做好充分准备，充分考虑散客时代所带来的高信息消费、个性化和差异化消费的特征，积极应用现代信息技术，依托行业和企业大数据，推进商业模式的创新和优化。

年轻人是市场快速变化中的引领者，他们正在改变旅游需求的市场格局和消费模式。近十年来，移动通信和互联网的高速发展，为年轻人提供了更加便捷的信息渠道，年轻人可以更快速地分享流行的理念，可以更方便地获取目的地信息，参与旅游的年轻人越来越多，无论是团队游客还是自助旅游的散客，年轻人都已经占到绝对多数的市场份额。根据《CCTV经济生活大调查》的统计，2013年排名前三位的热门商品中，旅游位居第二，有32.1%的受访者计划出游。旅游已成为人们生活中不可或缺的一部分，进入寻常百姓家。对中国城市女性的消费调查结果显示，旅游已经成为继服装服饰之后城市女性的第二消费选择。年轻人不仅是旅游市场的主力人群，同时也持续引领消费习惯的变化，推进旅游产业新业态和新服务形式的出现，并成为推动旅游产业变革的重要力量。

年轻人对便捷、快速、物有所值以及个性化旅游产品和服务的追求客观推动了经济型酒店、携程、去哪儿等新业态的出现和发展。以如家等为代表的经济型酒店的出现，将舒适客房、干净卫浴、低廉价格和便捷网络融为一体，契合了年轻人的住宿需求，推动了2000年以后经济型酒店的快速成长。以布丁、桔子水晶、和颐、维也纳等为代表的一批中低端主题酒店的出现，同样是旅游消费需求驱动的结果。年轻人消费偏好的变化，正推动酒店产业的整体性改变，未来酒店定位将越来越围绕以年轻人为代表的目标人群和价值观来区分，而不是传统的价格和功能。

## 二、社会商业接待体系和生产要素的完善为旅游创新提供了坚实基础

经过三十多年的努力，特别是过去十年的快速发展，我国的社会商业接待体系日趋完善，以食住行游购娱为主体的旅游要素相对健全，市场机制在市场资源配置中发挥了越来越重要的作用，科技、教育和人才等要素逐步完善，上述因素为旅游创新发展提供了坚实的基础。

早期的旅游企业，多具有大而全、小而全的特征，如星级酒店评定标准中就包括了咖啡厅、邮政代办服务等内容，究其原因，是社会配套设施不完善，社会性的商业接待体系没有形成。随着经济的进步，社会分工日趋专业化，很多原由旅游企业提供的功能开始转由社会性服务机构专门提供，社会商业接待体系不断完善，客观上为旅游企业的创新提供了坚实的基础。伴随着社会上餐饮机构、布草洗涤公司、KTV、健身馆等专业性社会机构的广泛兴起，以提供住宿服务为核心，剥离了高档酒店综合性、非必要设施和服务的经济型酒店开始出现；伴随着信息产业广泛应用于旅游业，传统的跟团旅游正逐步被自助游所取代，以网络预订、网上咨询和交流为特征的在线旅游广泛出现，以单项服务提供为核心产品，取代了一线串联式的传统旅行社线路。

我国旅游业的发展，正在由过去全面关注入境旅游向关注国民大众旅游转变。这种转变是在近几年产业界共识的基础上形成的，即国民旅游才是旅游经

济的主体。从市场面看，2012年，国内接待旅游人数已占全部接待人数的95.7%，国内旅游收入占旅游总收入的87.6%，国民旅游消费已成为我国旅游消费的绝对主体。同时，今年来国内旅游人数也一直保持着10%以上的较高增长速度，国内旅游市场持续升温；受国际经济环境的影响，入境旅游人数增速放缓，2012年出现负增长，较前一年度下降2.2%。在此背景下，将关注点全面转向国民大众旅游是产业发展的必然。

市场机制在资源配置中发挥基础作用，已经成为旅游经济发展的现实推动力。由于旅游业特殊的产业性质，加上旅游业发展刚刚起步，我国在20世纪90年代初提出了旅游业发展的"政府主导战略"，这些年来取得了巨大的成就。随着社会主义市场经济体制的确立，旅游业作为开放性的产业，在强调政府主导的同时越来越强调市场机制的作用。目前已经形成了一批具有市场活力和竞争力的企业主体，各种所有制企业积极参与旅游经营，民营资本在旅游经济发展中起到越来越重要的作用。民营资本积极参与旅游产业的发展，成为行业创新的重要力量，并在发展中不断壮大，部分成长为具有广泛影响力的中国旅游集团。2012年全国旅游集团20强排名中，民营企业有7家，占旅游集团总数的35%。

科技、教育和人才日益成为旅游业可持续发展的重要保障。科技创新日益成为推动旅游产业发展和变革的重要力量。近年来，科技手段在旅游业发展中的作用越来越重要，一批基于科技创新型应运而生的旅游新业态应运而生，如OTA、在线短租、主题设计酒店等，在满足游客需求的同时，引领了市场的发展方向，并迅速占据了很大的市场份额。智慧旅游的出现，将互联网、移动通信技术与旅游业无缝对接，为游客出行前的准备、出行中的资讯获取和产品服务获得、出行后的意见反馈提供了一个便捷、快速的应用体系，形成了一批智慧旅游城市、智慧景区、智慧饭店、智慧旅行社，推动了科技创新与旅游业的深度融合。旅游教育科研工作取得新的成就，旅游一级学科正在树立，博士、硕士、专业硕士、本科、高职、中职体系健全，为旅游业界培育了大量高素质人才，形成了一批有影响的学术成果，国际上首部综合性大容量的旅游辞典《中国旅游大辞典》也在2012年5月正式面世。

## 三、国家战略对旅游产业创新提出了全新要求

从最初的外交事业部门发展到经济部门，再到被国家定位为第三产业龙头、

国民经济增长点、国民经济重要产业和国民经济的战略性支柱产业、现代服务业，旅游业的产业地位不断提升。2009年，《国务院关于加快发展旅游业的意见》出台后，旅游业被提升到"国民经济的战略性支柱产业和人民群众更加满意的现代服务业"的战略高度，旅游业面临前所未有的黄金发展机遇。《国民旅游休闲纲要》和《中华人民共和国旅游法》的相继出台，为旅游产业转型发展提供了更加符合市场逻辑的外部环境和制度条件。国家最高领导人在各种场合提及旅游业，从多方面诠释了旅游业的战略地位。前总理温家宝多次提出要加快现代服务业的发展，其中包括以旅游业为代表的生活服务业的发展，以此来调整发展方式和优化经济结构。2013年，习近平总书记在俄罗斯"中国旅游年"开幕式上致辞，提出"旅游是人民生活水平提高的重要指标"，进一步升华了旅游业发展的两大战略目标。

鉴于旅游业在国家经济发展和人民生活幸福中的战略性引领作用，旅游业的发展必须更加注重质量，不断提升效益，加速由传统服务业向现代服务业的转变，以适应和服务于国家发展大局的要求。要加快推进旅游业与第一、第二、第三产业加快融合，建设"全产业链"的现代旅游业；要提高旅游业的科技文化含量，运用信息技术改变产业形态，提高信息技术在旅游业应用的广度和深度，使旅游企业的经营活动全面信息化，使旅游行业管理和旅游公共服务信息化水平全面提高；要推动旅游业由传统的旅游消费方式向现代的旅游消费方式转变；要从传统的旅游管理方式和营销模式向现代的管理方式和营销模式转变；要推动传统旅游企业向现代旅游企业转变。旅游业由传统服务业向现代服务业的转变既是国家战略对旅游业发展提出的更高要求，也是旅游业自身不断发展完善的必然过程。

党的十八届三中全会《关于全面深化改革若干重大问题的决定》要求深化科技体制改革。建立健全鼓励原始创新、集成创新、引进消化吸收再创新的体制机制，健全技术创新市场导向机制，发挥市场对技术研发方向、路线选择、要素价格、各类创新要素配置的导向作用。建立产学研协同创新机制，强化企业在技术创新中的主体地位，发挥大型企业创新骨干作用，激发中小企业创新活力，推进应用型技术研发机构市场化、企业化改革，建设国家创新体系。加强知识产权运用和保护，健全技术创新激励机制，探索建立知识产权法院。打破行政主导和部门分割，建立主要由市场决定技术创新项目和经费分配、评价成果的机制。发展技术市场，健全技术转移机制，改善科技型中小企业融资条件，完善风险投资机制，创新商业模式，促进科技成果资本化、产业化。整合科技规划和资源，完善政府对基础性、战略性、前沿性科学研究和共性技术研究的支持机制。国家重大科研基础设施依照规定应该开放的一律对社会开放。建立创新调查制度和创新报告制度，构建公开透明的国家科研资源管理和项目评价机制。改革院士遴选和管理体制，优化学科布局，提高中青年人才比例，实行院士退休和退出制度。

各地政府对旅游产业的发展日益重视，推动旅游目的地建设日趋成熟。中国是社会主义国家，也是发展中大国，产业的发展离不开政府的引导。旅游业是一个快速发展中的产业，更需要政府的扶持。近年来，旅游业的发展得到了各地政府的重视，全国已有32个省市区将旅游业定位为支柱产业、主导产业、先导产业或龙头产业。25个省市区的党委政府出台了贯彻落实国务院《关于加快发展旅游业的意见》的具体意见和决定，旅游业在国民经济、地方经济和社会发展中占有日益重要的战略位置。随着旅游形态由观光旅游向休闲度假旅游、由团队游向散客游的转变，旅游活动范围不断扩大，开始由景区向目的地转变。旅游业日益由"小旅游"转向"大旅游"，游客在目的地的旅游活动不再局限于旅行社固定线路上的景点、宾馆、餐厅和购物场所，而是遍及城市的每个角落。旅游活动与城乡经济活动、社会活动日益融合，并存在于当地百姓的生产、生活之中。目的地的基础设施、公共服务体系、旅游接待体系、市容市貌，乃至居民的友好程度都成为影响一地旅游业发展的重要因素，旅游正成为检验目的地城市发展水平和城市运营管理水平的试金石。近年来，在旅游业国家战略的带动下，在游客满意度等工作的推动下，各级党委政府对于旅游产业的发展比以往更加重视，开始从大旅游的视角全面推进城市建设和管理，推动全国旅游目的地建设趋向成熟。

各地政府在贯彻落实十八届三中全会精神的过程中，将着力提升旅游业发展的科技含量和创新水平，提升旅游业的国际化水平，打造中国旅游升级版，到2020年初步建成世界旅游强国。从产业层面看，资本、技术、年轻创业团队引领发展，生产要素的市场化不可阻挡。改革开放30多年来，旅游产业一直处于不断市场化的进程当中。近年来，发展速度最快、发展态势最好的是依托现代技术、面向散客和大众市场的业态，如经济型酒店、在线旅游服务等。在投资方面，非公经济特别是民营资本表现出加速进入的态势，特别是在经济型酒店、在线旅行服务、旅游综合体等新业态的投资中，民营资本、外资已经形成引领性地位。

## 四、旅游企业已成为自主创新和商业研发的关键主体和重要引领者

2007年，党的十七大报告中首次提出提高自主创新能力，建设创新型国家的目标。报告提出要加快建立以企业为主体、市场为导向、产学研相结合的技术创新体系，引导和支持创新要素向企业集聚，促进科技成果向现实生产力转化。2012年，世界知识产权组织和欧洲工商管理学院联合发布的《2012年全球创新指数》报告中，中国位列第34位，其中创新效率指数居全球首位，知识创新、知识和技术产出分别位居第4、第5位。

近年来，政府、企业、高校、科研机构、社会中介组织等均从不同角度进行了旅游产业的创新实践。中国的旅游企业在市场机会的发现、新技术的应用、连锁模式的引进、商业模式的创新、新品牌的创设乃至跨国并购等方面，一直在持续不懈地努力，取得了可圈可点的成就，成为旅游产业创新的主体和引领者。凭借基于大众市场需求的业态创新、商业模式创新和业务的持续快速增长，中国的旅游企业在历年的"中国年度创新成长企业100强"中均有突出表现，入选企业数量呈现增长趋势（见图1-1）。汉庭酒店、布丁酒店、桔子酒店、吴地人家酒店、新品印象、驴妈妈旅游网、途家网、食神摇摇、一嗨租车、神州租车等一批旅游企业榜上有名，范围涵盖了经济型酒店、精品酒店、餐饮企业、在线旅游服务、租车公司等各旅游行业，是旅游企业高创新性和成长性的典型代表。

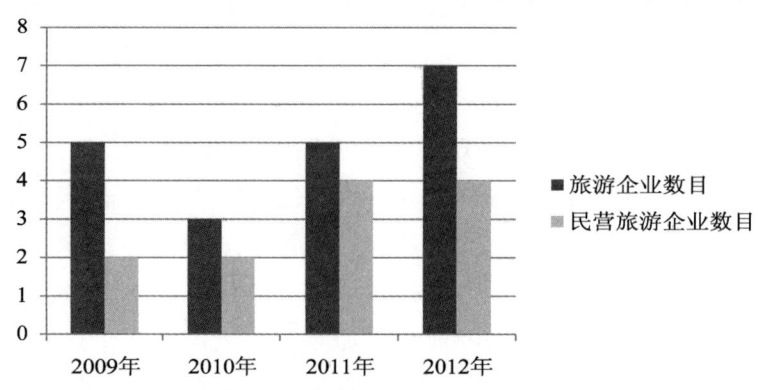

图1-1 中国年度创新成长企业100强中的旅游企业数量

在旅游企业创新中，民营旅游企业以其敏锐的市场触觉、良好的科技应用能力、灵活的运营模式、先进的现代企业管理制度，迎合了大众旅游市场快速变化的新需求，成为旅游产业创新的重要组成力量。民营企业是旅游类创新成长企业的中坚力量，占据了50%以上的份额（见图1-1）。同时民营类旅游企业也通过快速发展，成长为综合性的旅游集团，在历年的旅游集团20强评选中均有多家入选，成为旅游集团中的佼佼者（见图1-2）。

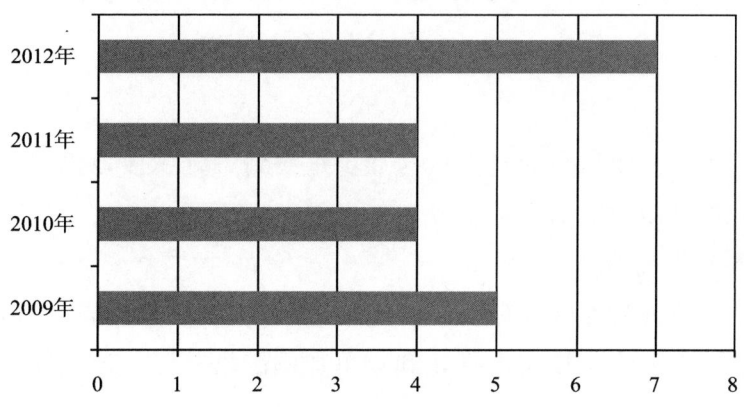

图1-2 中国旅游集团20强中民营企业数量

海航旅业、同程网、景域国际旅游运营集团、海昌旅游集团等一批民营企业，凭借其对旅游消费需求的敏锐捕捉和有效满足正逐步成长为旅游市场创新的重要组成力量。

# 第二章　创新主体：从自发的策略走向自觉的战略

从早期迫于竞争压力的自发行为逐步过渡到自觉积极地谋求产品和商业模式创新，我国旅游企业的商业研发和自主创新经历了一个从自发到自觉、从策略到战略的升华过程。

在旅游产业创新发展过程中，产业主体呈现多元的格局，整体走向日趋宏观。传统旅游企业在市场需求变化和竞争加剧的推动下，加快变革步伐，以满足大众旅游者对便捷、高品质、高性价比的行前、行中、行后旅行服务的需求，逐步从狭义的旅行服务业走向广义的旅行服务业。社会上其他商业机构对旅游业的介入，丰富了旅游创新的主体，并成为旅游产业创新的重要推动力量。淘宝网、腾讯网、新浪网、百度等电商企业，万达等地产企业，兴业银行等银行类企业以及电信类企业，在主业基础上进行的旅游产品或业态创新，为旅游业发展注入新的动力。国际上各商业主体介入旅游业，推动旅游产品和业态创新走向更广领域。传统奢侈品商阿玛尼、范思哲、宝格丽等开始涉足酒店业务，推特（Twitter）、面书（Facebook）被用于旅游社区互动、客户服务以及旅游产品营销。它们的介入，对旅游业的创新发展将会产生深层次的影响。

## 一、技术应用和商业模式已成为旅游企业创新的重点

自1928年中国第一家旅行社——中国旅行社成立，中国的旅游企业在八十多年的发展中，经历了由体制、产品创新向技术、模式创新的演变过程，创新频率不断加快，创新时间日益缩短，科技和产业融合在创新中发挥的作用越来越重要。

### （一）打破部门壁垒，建立现代企业制度的体制创新阶段（1928—2003）

体制创新阶段，是中国旅游企业从无到有、从弱到强的建立和发展过程，同时也是国有企业通过重组、改制、合并等多种途径实现资源整合和效率提升的过程。中国的旅游企业在创立之初，国、中、青三大旅行社是当时旅游市场的龙头企业，占据了旅行社市场绝大多数的份额，同时也成为当时为数不多的旅游集团。20世纪80年代以后，随着锦江集团（1984）、港中旅集团（1985）、华天实业集团（1993）、陕西旅游集团（1998）、首旅集团（1998）、黄山旅游集团（1999）、南京金陵饭店集团（2002）、杭州旅游集团（2002）、安徽旅游集团（2003）等一批国有旅游集团的成立，国、中、青三大旅游集团的市场份额逐渐减少，市场竞争趋于激烈。旅游类国有企业在运营和经营管理中，面临着传统国企政企不分、企业管理制度落后、缺乏市场化的运作方式等问题，众多企业开始了政府主导下的企业外部重组以及企业内部的政企分开、建立现代企业制度的体制创新阶段。

旅游企业在政府主导之下，通过跨部门、跨行业的企业间的合并、重组等方式，延长产业链条，打造全产业链的旅游企业，通过体制、机制创新，不断增强旅游集团自身的市场竞争力。陕西旅游集团、南京金陵集团、锦江国际集团、国旅集团等一批旅游集团先后通过体制创新，获得了集团发展的新动力。

1998年，陕西省出台《关于深化旅游体制改革，加快旅游产业发展的决定》，并通过资源整合，将原属于旅游、文物、外事的不同行业、不同地方的十余家企事业单位，通过国有资产划拨等方式，统一划归陕西旅游集团所有，形成了集景点、旅行社、酒店、客运、商店、娱乐于一身的综合性旅游集团。陕西旅游集团通过战略重组，打破部门、条块分割，整合旅游要素资源，形成了集团内部互为补充的产业链条，推动了陕西旅游业的发展。2001年，华亭集团并入锦江集团；2003年，新亚集团、上海国旅、上海食品集团、锦江集团合并为锦江国际集团。锦江集团的两次合并、重组，使其由相对单一的酒店管理集团转向集酒店、餐饮、客运、食品、旅游、旅行社等于一身的综合性旅游集团，不仅整合了内部资源，提高了资源的利用效率，同时通过全产业链条的打造，大大提升了集团的旅游竞争力。在HOTELS杂志评出的世界著名饭店管理集团中，锦江集团由2003年的第51位跃居至2011年的第9位。

在外部体制创新的同时，企业内部的体制创新也同等重要。许多在政府主导下形成的国有旅游集团均经历了政企分开、建立现代企业制度的改革创新过程，通过体制创新厘清关系，提高效率，为企业发展赋予了新的动力源。陕西旅游集团在成立之初，对所属企业进行了改组，将原有事业型景点通过改制转变为企业，同时出台并完善规则制度，实行经营目标责任制管理，建立激励和约束机制，逐渐实现企业的市场化运作。通过制度创新和管理创新，提升了企业的经营绩效和市场竞争力。同时，旅游集团还通过集团整体上市或剥离优质资产部分上市等形式加速推进现代企业制度和市场化建设，提升集团的整体竞争力。如1993年成立的湖南华天实业集团公司，1996年旗下公司华天大酒店正式上市。

**（二）以大众旅游需求为导向的产品创新阶段（2004—2005）**

这一时期，旅游企业最为典型的创新主要集中于饭店业，以大众旅游需求为导向的经济型酒店的蓬勃出现，开创了酒店新业态，是酒店业发展的理性回归，同时也是酒店产品创新的集中体现。

2004年，国内旅游人数达到11.02亿人次，比上年增长26.6%，游客人均旅游花费427.5元，其中城镇居民731.8元，农村居民210.2元。旅游消费市场呈现"基数大、稳步增长、人均单次消费低"的大众化特征。与此同时，以工薪阶层和1980年前后出生的年轻人为主商务国内游客人均消费还处于一个相对较低的水平，用于住宿的消费维持在百元左右。在此背景下，契合大众旅游消费需求的经济型酒店广泛出现，经济型酒店业态放弃了星级酒店大而全、小而全的产品结构，更加关注大众游客对住宿的床铺、热浴、网络、早餐等核心需求，特别是其"老百姓消费得起"的定价策略更加符合大众旅游者的消费现状，使得普通游客可以较低的价格享受标准的酒店服务，其服务品质总体上也得到了市场的广泛认同。

这一阶段，位列2012年经济型酒店管理集团十强中的六家企业集中出现，经济型酒店步入爆发式增长阶段。2004年，速8酒店（中国）、宜必思酒店（中国）、格林豪泰酒店成立；2005年，7天酒店、汉庭酒店、维也纳酒店集团成立。加上1996年成立的锦江之星酒店、2002年成立的如家酒店，构成了中国经济型酒店发展的中坚力量。经济型酒店自其出现之初，即以便捷舒适、高性价比为其典型特征，有别于奢华大气、产品全面、价格高昂的高端酒店，经济型酒店以更接地气，更近平民消费需求赢得市场，企业获得快速发展。2003年以后，经济型酒店的行业门店数量的复合增长率高达72%，这在世界经济型酒店发展史上是罕见的。与此同时，经济型酒店企业也获得了资本的广泛关注，

2003年至2012年，国内酒店行业共有39笔融资案例发生，累计获得融资规模达9.33亿美元，平均单笔融资规模为2392万美元，其中2007年为近10年融资规模最高值，融资案例7起，融资规模达3.11亿美元，七天、开元、汉庭、维也纳等均在当年获得风险投资（VC）和私募基金（PE）注资。中投集团（ChinaVenture）统计显示，2012年，国内又有5家经济型酒店品牌获得多轮融资，累计规模达2.88亿美元，形成了资本市场对经济型酒店业投资的又一个高峰。

**（三）以现代科技和产业融合为特征的技术、模式创新阶段（2006年至今）**

以互联网为代表的第三次信息化浪潮大大推进了旅游产业变革。信息技术广泛渗入旅游产业销售、流通、消费的各个领域，基于信息技术的旅游产品开发、预订、购买、顾客关系管理以及电子商务等各种新技术对于旅游企业的创新发挥着越来越重要的作用。基于互联网和移动终端的技术创新成为这一时期的典型特征，一批旅游企业借助技术的力量，通过有效对接消费者需求，找到了企业腾跃式发展的新平台。旅游业的产业边界趋于模糊，相关产业加速与旅游业的融合发展，无论是信息技术产业、房地产业、交通运输业、商业还是文化产业等均在与旅游产业的融合过程中滋生出新型业态。

从2006年以来，旅游企业基于技术和产业融合的创新进入了快速增长期，形成了涵盖旅游各要素行业的诸多新兴业态。旅游与互联网的融合发展不仅符合当下人们的消费习惯，同时也代表了旅游市场的发展趋势和方向，良好的市场前景吸引了电商巨头加入，阿里巴巴、百度、腾讯、新浪等通过自创旅游网站、注资等多种形式涉足旅游业，将旅游创新推向了一个新的高度。基于技术和产业融合的创新广泛发生于下述方面：

第一类是在线旅游商。通过整合线下旅游产业资源，利用网络技术进行线上展示、预订和资讯提供，实现互联网和传统旅游的无缝结合。继携程、艺龙之后，途牛网（2006）、芒果网（2006）、驴妈妈（2008）、青芒果网（2009）、欣欣旅游网（2009）、淘宝旅行网（2010）相继出现，延续了OTA的商业模式，继续分割、抢占在线旅游市场份额。

第二类是在线旅游社区，以分享游客旅行攻略和旅行经历，提供各地旅游资讯，评价旅游目的地的旅游要素和企业为主要内容，借助互联网技术，将旅游交流平台搬到网上，并扩展至所有已旅游或将旅游的人群中。蚂蜂窝（2006）、穷游网（2008）、新浪旅游（2008）、百度旅游（2011）、驴评网（2011）等旅游社交网站在这一时期相继出现。在通过为游客提供便捷信息的同时，旅游社区网站开始出现由旅游交流平台向旅游预订平台的转变。蚂蜂窝、穷游网等均推出了在线旅游预订服务，开始了盈利模式的新探索。

第三类是旅游类比价平台。通过为游客提供国内外最准确的酒店、机票、度假等价格信息和资讯，帮助游客获取更高性价比的旅行。国内最具规模和影响力的旅游比价平台去哪儿创于2005年，目前已成功上市。其后成立的酷讯旅游网（2006）、游比比网（2010）都是功能相似的综合类旅游比价平台。2013年由HotelCombined酒店比价搜索引擎在中国设立的比驿网，则是专注于酒店资源的比价平台。

第四类是在线短租平台。利用互联网技术，将线下闲置公寓、别墅、私人住房等房屋资源与线上查询、预订平台相结合，为游客及商务客人提供高性价比的住宿服务。2011年，国内第一家在线短租平台爱日租创立，此后，游天下（2011）、蚂蚁短租（2011）、途家网（2011）、小猪短租（2012）等一批在线短租企业相继设立，在线短租市场快速增长。2012年，Enfodesk易观智库产业数据库发布的《中国在线租房市场研究报告》中提到，随着自助游比例和短租模式认知度的进一步提高，2014年，国内在线短租市场在线交易规模有望达到28.874亿元。

第五类是在线打车平台。利用无线网络和移动终端，将线下出租车和线上实时叫车平台相结合，实现客户用车需求和空驶出租车的有效对接。以摇摇招车、滴滴打车为代表的打车平台出现于2012年，虽然受到盈利模式不够清晰及政府政策限制等因素的影响，但打车平台依然获得了快速的发展，2013年国内的打车平台已有40余家。

第六类是虚拟旅游平台。利用互联网和3D技术，制作国内外知名景区、城市的三维全景，使游客可以利用互联网进行逼真的线上旅游，满足游客的旅游体验，并为游客的线下旅游提供指导。皮尤研究中心（Pew Research Center）互联网与美国生活项目（Internet and American Life Project）的研究表明，52%的年龄在40~49岁之间的互联网用户参与了虚拟旅游活动。国内专业的虚拟旅游平台建设相对滞后，但随着全景客虚拟旅游网（2009）、飞毯3D旅游网（2011）等企业的出现，虚拟旅游市场不断拓展。

## 二、自主创新推动现代旅游业建设和新业态发展

自主创新是建设创新型国家，提高综合国力的核心，同时也是旅游业建设

为战略性支柱产业及人民群众满意的旅游业的关键。新的发展形势下，旅游业急需得到现代化改造和提升，以适应现代社会经济发展的需要。旅游业面临现代企业管理理念、运营方式、高科技和信息化的洗礼，实现由劳动密集、经验密集型产业向技术引领型产业发展，通过自主创新加速推动现代旅游业的建设和旅游新业态的出现。

以自主创新推进现代旅游业建设在国家和地方政府层面得到很好的落实和推进。2012年，国家旅游局发布了《关于鼓励和引导民间资本投资旅游业的实施意见》中提出，"支持民营旅游企业自主创新和技术进步。引导民营旅游企业形成以企业为主体、市场为导向、产学研相结合的创新体系，加强对新产品、新业态的研发和应用。加快旅游业专利技术转化步伐，鼓励运用信息网络，新能源、新材料、新工艺，节能减排等现代科技成果，积极推动'智慧旅游'和'绿色旅游'发展。"将民营企业的自主创新放到了非常重要的位置。各地在推动旅游业转型发展过程中，也非常重视自主创新在把旅游业建设为现代服务业过程中的作用。广东省"贯彻国务院关于加快发展旅游业意见的若干意见"中，把创新放在了最为重要的位置，提出支持民营旅游企业自主创新，加快旅游业与相关产业的融合发展。山东省自2008年开始，每年在全省范围内颁发旅游产业创新奖项，鼓励全省各地在旅游规划、营销策划、旅游理论研究等方面的创新性突破，推动全省旅游产业的创新发展。2013年，山东省人民政府关于提升旅游综合竞争力，加快建成旅游强省的意见中，将创新体制机制，加快推进旅游业转型升级，作为提升山东省旅游竞争力的重中之重。北京、重庆、深圳、海南等众多省市也通过多种途径加速推进旅游业的创新发展。

科技创新是自主创新的重要实现途径之一。近年来，信息技术作为生产力中最活跃的因素日益渗透和改变着社会的方方面面，并成为旅游业创新发展、转型升级的重要推动力。科技尤其是信息技术与旅游业的融合发展不仅创造出大量新的业态和新的旅游需求，引导新的旅游消费，同时也将先进的生产技术、管理模式以及创新型产品带入旅游业，极大地推动了旅游业向现代服务业的转变。大批以大众消费需求为契合点，运用现代科学技术，进行商业模式创新的旅游企业广泛出现，提升了旅游业的现代化水平。经济型酒店以连锁经营的商业模式和科学管理的现代企业制度改变了社会旅馆散漫、低效、劳动密集、经验主导的产业形象，带动并引导了一般旅游住宿业的创新发展。在具体的商业实践中，经济型酒店还极大地促进了现代信息技术在酒店业的普及和应用，如家建立了现代化酒店管理系统,实现了对旗下酒店的全覆盖。布丁酒店首开酒店微信预订先河,构建了基于手机 APP、微信、微博等移动终端的新型预订模式,在短期内获得快速发展,移动终端预订量已占到酒店总预订量的 8%。

以信息技术和移动终端为代表的科技创新成为推动旅游新业态发展和旅游业转型升级的重要力量。信息技术的发展、互联网技术以及移动终端的广泛应用,推动了旅游新产品、新服务以及企业组织形态、商业模式的变革,是旅游新业态出现的重要动力。正在推行的三网融合,将进一步促进不同网络之间的信息兼容,实现网络资源共享,将在更大程度上为新业态的出现和发展创造机会,更多更新的业态将在技术变革和跨界融合中加快孕育。近年来,国内在线旅游业务和旅游电子商务的迅猛发展,是信息技术与旅游需求融合而生的结果。在科技创新的推动下,一些新业态获得快速发展,并很快成长为引领行业发展的旅游集团。中国互联网络信息中心发布的调查报告显示,截至 2012 年 12 月底,我国网民数量达到 5.64 亿,互联网普及率为 42.1%,手机网民数量为 4.2 亿,网民中使用手机上网的用户占比由上年底的 69.3% 提升至 74.5%。信息技术已成为产业变革、企业创新和新业态出现的重要动力,因此成为各大电商争相抢占的市场领域,阿里巴巴、百度、腾讯等电商巨头纷纷以信息技术为切入点进军旅游业,一方面,利用已有的平台优势和庞大的电商消费群体,自主经营旅游业务,如阿里巴巴航旅开展机票预订、淘宝旅行业务,阿里巴巴的一淘网开展在线旅游比价搜索业务,与旅游电商开展直接竞争;另一方面,上述电商巨头通过投资入股方式,借已有旅游电商之力进入旅游业,如百度注资去哪儿网、腾讯注资同程网,直接参与中国旅游集团的竞争。以携程、艺龙为代表的 OTA,以线上平台加线下资源的商业模式,引领传统旅行社的发展。2011 年 9 月 13 日,《财富》杂志公布了 2011 年全球"100 家增长最快的公司"排行榜,携程、如家分列中国九家入围公司的第二、第三位。智慧景区、智慧旅游等智慧旅游产品不断涌现,基于云计算、大数据、互联网和物联网的"云餐饮"已经在无锡出现。滴滴打车、途家网、蚂蜂窝等基于网络技术和移动技术的应用以及线下资源,分别实现了乘客需求和出租车供给、游客住宿需求和闲置房屋、游客出游需求和目的地信息之间的有效对接。上述新业态的出现是企业自主创新推动的结果。

## 三、商业研发是推动旅游集团成长的重要动力

商业研发是旅游企业生存与发展的基础，是旅游产业生产经营活动链条的源泉，同时也是旅游集团产生、成长、发展的重要动力。旅游业的研发活动不仅限于旅游产品的研发，还包括通过技术研发而滋生的符合游客需求与市场方向的全新业态。

尽管研发在制造业、采矿业、医药业、高新技术产业及软件行业已经非常成熟，但对于旅游业仍属于新生事物。各地研发投入高低与旅游业收入高低存在明显的一致性，高研发投入的省市其旅游收入也相对较高（见图1-3、图1-4）。2012年全国研发投入最高的5个省市分别是江苏、广东、北京、山东、浙江，2012年全国旅游收入最高的5个省市分别是广东、江苏、浙江、山东、辽宁，相对集中于沿海地区。各地的研发投入对旅游企业的绩效也形成一定的影响，高研发投入的省市旅游企业经营收益相对较高（见图1-5、图1-6）。2012年酒店平均收益最高的前5个省市分别是上海、北京、海南、广东、天津，2012年旅行社平均收益最高的前5个省市分别是北京、上海、广东、重庆、湖南。其中，北京、上海、广东、天津的研发投入均位居全国研发投入的前十位。

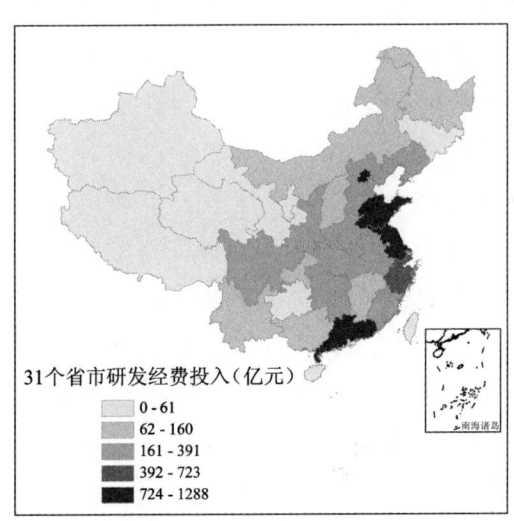

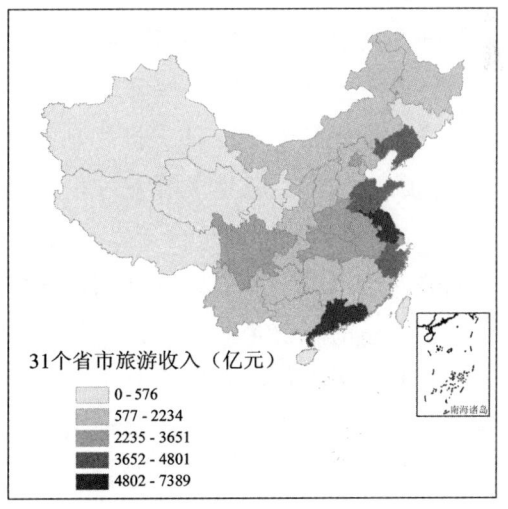

**图1-3 全国31个省市研发经费投入分布图**
注：本图属于示意图，非正式地图，仅用作学术研究使用。

**图1-4 全国31个省市旅游收入分布图**
注：本图属于示意图，非正式地图，仅用作学术研究使用。

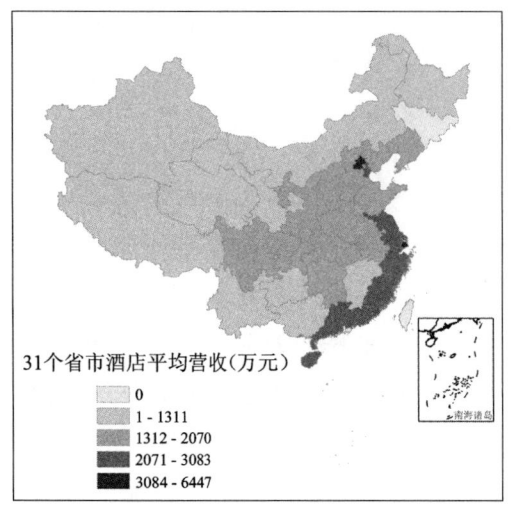
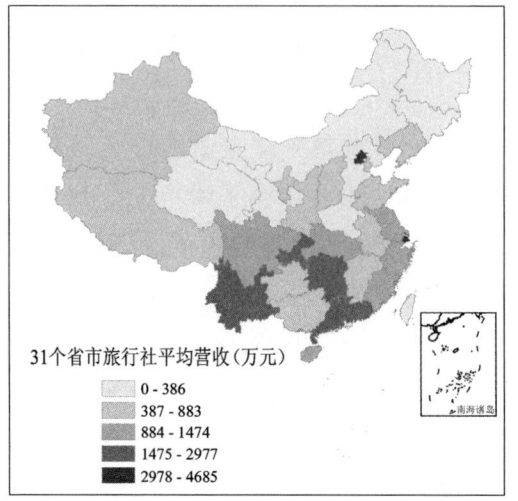

**图 1-5　全国 31 个省市酒店平均营收分布图　图 1-6　全国 31 个省市旅行社平均营收分布图**
注：本图属于示意图，非正式地图，　　　　注：本图属于示意图，非正式地图，
仅用作学术研究使用。　　　　　　　　　　仅用作学术研究使用。

究其原因，政府的研发投入为旅游企业营造了一个良好的创新、研发的大环境，尤以基础性、公益性的研发投入为主，为旅游企业的商业性研发奠定基础。如 2004 年，山东省在全省设立旅游商品研发基地，并制定了《山东省旅游商品研发基地实施细则》；2006 年，辽宁省投资 60 万元用于旅游产业研发，以及培养省内的旅游专家，保障旅游研发人才的可持续性；2007 年，北京市建立旅游纪念品研发中心，以丰富北京纪念品的种类。政府在出资研发的同时，也通过奖励、扶持、减免税等各种手段鼓励旅游企业加强自主研发，推动旅游企业创新。如 2013 年，安徽省旅游局公布了一揽子扶持方案，通过资金配套、营销奖励、通报表彰等形式鼓励旅游企业调整产品结构，创新开发新产品，并对开发新产品的旅游企业给予扶持。

企业的商业研发一方面加速了新业态的出现，在融合产业、技术创新推进的基础上，大大提高了产业附加值；另一方面传统业态的研发创新，不断推动更符合市场需求和产业发展方向的新产品的出现，提高了企业的经营效益。

随着旅游业的快速发展以及旅游产业融合的加速，近年来，旅游业界已认识到研发的重要性和紧迫性，对旅游研发的投入不断增加。新业态的旅游集团对旅游研发更为重视，研发投入逐年增加，如携程、艺龙等旅游电商；相较而言,传统业态的旅游集团对研发的投入较弱,但对旅游产品仍有持续的研发,表现在研发人员的持续增加方面,如中青旅、国旅等旅游集团。

携程和艺龙等新业态从成立之初就重视研发,研发投入持续增加(见图1-7)。2003年,携程研发投入仅占经营收入的0.23%,到2012年,其研发投入已占经营收入的3.17%,十年间上升13倍。相较于携程,艺龙的研发投入更高,2002年研发投入占经营收入的2.68%,2012年占17.06%,已占到收入的近五分之一。携程和艺龙的研发投入在2005—2006年均出现爆发式增长,携程的研发投入由2005年的0.004亿元增至2006年的0.14亿元,艺龙由2004年的0.08亿元增加至2005年的0.41亿元,一年间分别增长了35倍和5倍。

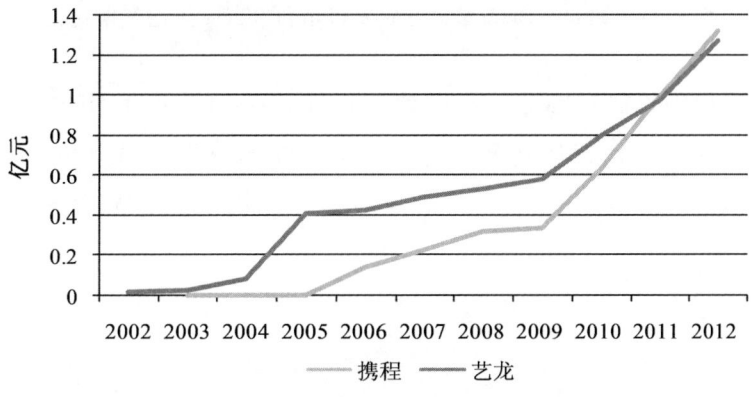

图1-7　2002—2012年携程、艺龙研发投入

2007年以后,携程研发费用整体增速超过了经营收入增长率(2009年除外)(见图1-8)。艺龙的研发费用增速在2005年出现爆发式增长后回归平缓,与营收增长率相当(见图1-9)。

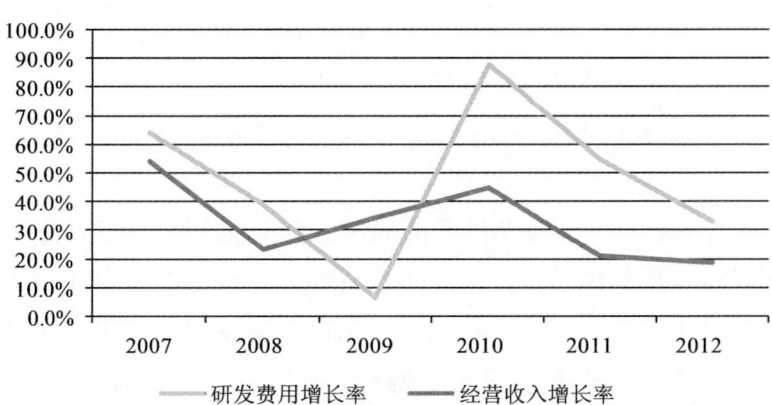

图1-8　2007—2012年携程研发费用和经营收入增长率对比

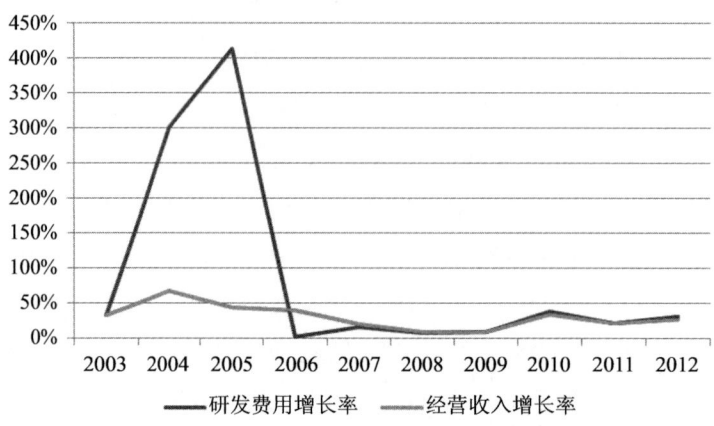

图1-9　2003—2012年艺龙研发费用和经营收入增长率对比

传统业态如中青旅和国旅，研发费用在上市公司公报中并无明确提及，但对研发的重视并未放松，从其公报看，两家企业的研发人员整体上呈持续增长态势，中青旅在2005年研发人员急剧增长后，恢复持续性增长状态（见图1-10）。

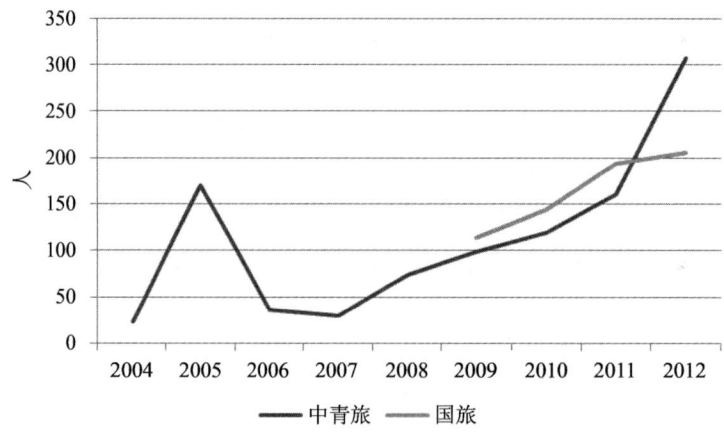

图1-10　2004—2012年中青旅、国旅研发人员

在不断增加研发人员和研发投入的同时，部分旅游集团还设立了专门的研究机构，对产业发展趋势、新技术、新产品等进行专门性研究，以支持旅游企业的业务发展。去哪儿网在北京和上海分别设立研发中心，主要从事旅游服务平台的开发，以支持去哪儿网在在线搜索、预订业务等方面的发展。携程网、

港中旅、首旅、华侨城等旅游集团均设立研究院或研发中心（见表1-1）。有些旅游企业虽未成立专门的研究机构，但也通过多种途径加强对产品的研发。例如春秋国际旅行社依照F1赛事的主题设计旅游产品；凯撒旅游发布了"专注20年，用心研发！"的宣传口号。

表1-1　国内部分涉旅类集团研究机构设立情况

| 企业名称 | 研究机构 | 企业名称 | 研究机构 |
| --- | --- | --- | --- |
| 携程网 | 技术研发中心 | 去哪儿网 | 旅游研究院 |
| 港中旅 | 旅游产业研究院 | 阿里巴巴 | 研究院 |
| 首旅 | 研究院 | 百度 | 研究院 |
| 华侨城 | 旅游研究院 | 腾讯 | 研究院 |
| 乐途旅游网 | 旅游研究院 | 巅峰智业 | 旅游规划设计研究院 |
| 夏商旅游集团 | 旅游研究发展中心 | 锦江集团 | 产品研发中心 |

在旅游消费需求日益个性化，移动应用日益普及的今天，商业研发和自主创新已经成为旅游企业引领旅游潮流、满足旅游市场需求、开拓新市场，增强企业竞争力的关键。

## 四、体制创新为现代旅游服务业提供了更加开放的发展空间

当前旅游业的发展面临三个转变，即由小旅游向大旅游、由观光旅游向观光和休闲度假旅游、由团队主体向散客主体转变。旅游活动不再局限于旅行社所安排的特定路线和区域，而是浸透到旅游目的地的各个角落，旅游产业所涉及的内容也由旅游六要素扩展到价格、环境、公共服务、基础设施、社区等众多领域。为适应这种变化，一些旅游城市的旅游行政管理体制出现变革，开始由单一部门管理向多部门协调管理、由行业的进入监管向运营监管转变，以更加开放、包容的姿态为产业、企业发展提供服务，客观上推进了旅游业的创新发展。

2001年，杭州市旅游局改为杭州市旅委，开国内旅游行政管理体制改革之先河。其后，杭州市成立由市旅委、市计委、市建委、市规划局、市园文局、

市国土资源局和市环保局组成的"三委四局"联席会议共同参与西湖的发展决策，同时整合旅游商贸系统，由杭州市旅委进行归口协调。改革彻底改变了旅游行政管理部门只能管旅行社的尴尬现状，增强了旅游行政管理部门在产业发展中的统筹、协调、促进功能，推动其由单一职能部门向综合性协调部门转变。杭州市旅游业的发展由此步入了大旅游发展时代，推动了娱乐、休闲、度假、餐饮、演出、购物、经济型酒店等业态的发展，成为地方旅游业创新发展的一个典型代表。2011年，北京市旅委、南京市旅委相继成立，均以加强旅游资源整合和产业统筹协调能力为核心，推动旅游的产业化发展，为旅游企业发展营造更加有利的发展环境。

## 五、理论创新引领和推动现代旅游服务业的建设

我国系统的旅游理论研究和市场化意义上的旅游产业发展基本上同时起步，并有效地推动了后者的科学发展。但随着我国大众旅游消费的快速发展，理论研究与产业发展出现了短暂的脱节，实践界急需能够契合当代旅游发展现状、引领旅游产业发展的创新理论体系。近年来，国家旅游局通过成立研究院、进行科研立项和优秀学术成果评奖、编纂《中国旅游大辞典》等，引领旅游学术转向当代旅游发展理论的构建和深入研究中。现代旅游发展理论是立足于我国旅游业正处于大众旅游发展初级阶段的现实，以人为本，特别是以游客权益保障和目的地居民的福祉提升为本，由此形成现代旅游发展理论的构建取向。通过客观回答旅游发展"为什么、靠什么、做什么"这些当代旅游发展的核心问题，解决现代旅游服务业发展的方向和路径问题。学术界对当代旅游发展理论的构建已形成共识，这一理论的深化研究将对现代旅游服务业的建设起到更加重要的引领和推动作用。

# 第三章 从技术应用、组织变革到平台整合：创新载体推动旅游业变革

旅游业向现代服务业的转变是旅游业重要的战略目标之一。科技在旅游业中应用的广度和深度直接影响到旅游业现代化发展的速度。党的十七大明确提出转变经济发展方式，要由主要依靠增加物质资源消耗向主要依靠科技进步、劳动者素质提高和管理创新转变。当前旅游业正处于由传统服务业向现代服务业的转型发展期，产业层面对科技创新的发展要求非常迫切，以互联网技术、移动通信为代表的信息技术，新材料与先进制作技术，资源环保在旅游业的创新性运用，为旅游业的发展提供了强有力的工具。产学研相结合的组织，为旅游业提供了可持续发展的有力支撑。

旅游业是高度开放的产业，在科技应用方面一直走在前列。以互联网、移动通信、管理信息系统等为代表的信息技术、展陈技术、新材料与先进制造、资源环保技术在旅游业中的创新性应用见表1-2，提升了旅游业的信息含量、科技含量和知识含量，成为推动旅游业发展为现代服务业的关键因素。

表1-2 科技在旅游业中的应用

| 一级类型 | 亚类 | 子类 |
| --- | --- | --- |
| 信息技术 | 互联网技术 | 旅游电子商务 |
| | | 旅游电子政务 |
| | | 各类旅游服务网站 |
| | 移动通信技术 | 手机APP、微信、微博 |
| | 云计算、物联网等 | 智慧旅游 |

续表

| 一级类型 | 亚类 | 子类 |
|---|---|---|
| 信息技术 | 管理信息系统 | 酒店管理系统 |
| | | 景区管理系统 |
| | 旅游公共服务信息系统 | 呼叫中心技术 |
| | 信息化安保系统 | 信息化门禁系统 |
| | 3S技术在旅游中的应用 | 地理信息系统（T-GIS） |
| | | 空间定位与导航系统（T-GPS） |
| | | 遥感系统（T-RS） |
| 各类展陈技术 | 声光电技术 | |
| | 多媒体技术 | |
| | 虚拟现实技术 | |
| 资源环境保护技术 | 节能减排技术 | 酒店节能减排技术 |
| | 文物保护 | 检测技术 |
| | | 防护技术 |
| | | 修复技术 |
| 新材料与先进制造 | 特种设备设施 | 索道、缆车技术 |
| | | 造雪技术 |

## 一、推动旅游消费方式和生产方式的变革

从社会的现代化进程看，技术变革，特别是信息技术的飞速发展正在对人们的生产生活方式产生深刻影响。作为生活性服务业的重要构成部分和服务业的龙头产业，旅游业的发展也因信息技术的推动而发生了革命性的变化。

互联网技术和移动通信技术在全球快速发展，正日益改变着经济和社会生活方式。2013年，KPCB（Kleiner Perkins Caufield & Byers）公司的研究报告表明，到2012年底，中国互联网用户达5.64亿，移动终端用户3.54亿，移动终端用户2012年12月增速首度超过互联网，成为信息产业的新增长点。旅游业

早已敏感地捕捉到这一发展趋势,并将互联网技术和移动通信技术广泛应用其中。

互联网和移动通信在旅游业的应用,彻底改变了传统旅游业的生产和消费方式,推动了在线旅游业务、网络营销服务等的发展,成为引领旅游业变革的重要力量。以携程、去哪儿、艺龙为代表的在线旅游服务网站,改变了传统旅行社的生产和服务模式,整合航空公司、酒店、景区等产业资源,将线上预订和线下消费相结合,为消费者提供了更多选择权和更具性价比的产品。基于手机终端的预订APP,基于互联网的精准搜索、位置服务(LBS)、价格比较、游客点评等服务内容,拉近了消费终端与旅游企业的距离,重塑旅游企业的渠道建设和服务质量监控体系。信息技术的应用,同样改变了游客的消费方式,从信息收集到旅游目的地消费直至游后感受,均有了不同于传统产业的新方式。随着信息技术在旅游消费中的普及,游客可以通过互联网和移动终端,在旅游前更加全面地了解目的地的资讯并预订;旅游中通过电子地图、电子导览设备等,辅助进行游览观光,通过电子支付系统结算;旅游后通过旅游社区等分享个人游记、旅游攻略,也可以到旅游目的地的政务网站对出行中的问题进行投诉。

互联网和移动终端应用于旅游业,不仅改变了旅游企业的商业模式,也改变了旅游企业的营销方式。旅游类企业的网络预订比重不断提高,据中国互联网络信息中心的调研报告显示,截至2013年6月,网上预订过机票、酒店、火车票和旅行行程的网民规模达到1.33亿,占网民比例的22.4%。随着移动电话尤其是智能手机的使用,来自移动终端的预订比重不断提高。工业和信息化部公布数据显示,2013年1~7月,3G移动电话新增用户突破1亿。网民中使用手机上网的比重不断提高,2012年,我国网民中使用手机上网的用户比重为74.5%,较上年增长5.2%。在此趋势影响下,旅游业界同步加大了对移动终端应用的开发。据美国一家酒店营销公司TravelClick对455家酒店的调查表明,50%的酒店在2012年增加了用于移动网站和移动营销的开支。国内的旅游企业,无论是OTA、酒店,还是传统旅行社等均加大了移动终端的投入力度。2013年,携程宣布将由OTA向移动旅游服务商转型(MTA),8月份携程无线酒店单日交易订单达40%,PC预订占到33%~34%,移动预订首次超过PC网站,移动互联网成为主要的营销渠道。艺龙、去哪儿等也将移动终端作为未来的发展重点,春秋航空投资6亿元用于移动互联网的开发。

手机APP、微信、微博是旅游企业加速抢占移动终端市场的重要工具。去哪儿、携程、艺龙、淘宝旅行等均在2009—2011年间推出了APP客户端，加大了移动终端的营销。春秋航空在加大了对移动终端的研发投入后，手机预订比例由2010年的14%提升至2013年9月初的50.6%。酒店业中，不仅中高端酒店集团中的喜达屋、开元、锦江等及早布局移动互联网络，汉庭、速8、7天、如家、锦江之星、布丁等一批经济型酒店也加速了对移动终端的开发。在手机APP之外，微信因其功能强大、客户黏性好、使用方便、易于沟通等优点，在旅游企业的预订、销售、宣传以及客户维护等方面正发挥着越来越重要的作用，同时也成为成长最为迅速的移动营销渠道。布丁酒店是国内酒店中最早开发微信预订的酒店，目前微信用户已达54万人，日均订单219个。酒店、旅行社、OTA等纷纷开通微信，在吸引用户关注，维护会员关系的同时，逐步开通微信预订，进一步开拓移动终端市场。同程网发布的《社会化媒体旅游预订研究报告》显示，微信用户正在成为邮轮、环球旅行等高端旅游产品的主力预订人群，他们占整个用户群的比例已超过10%。

智慧旅游是信息技术应用于旅游业的另一个创新。利用云计算、互联网、物联网等技术，通过移动终端，为游客提供即时、全面的旅游资讯和便捷的旅游服务。智慧旅游通过充分利用现代信息技术，可以使旅游者的旅游行为实现便利化、精细化；使旅游经营者实现经营的集约化、营销的全球化、服务的个性化、效益的最大化；使旅游行政管理部门决策高效、监督有效和提供系统服务。目前，智慧旅游城市、智慧旅游景区、智慧酒店等广泛出现。2012年，国家旅游局先后公布了18个国家智慧旅游试点城市和22家智慧旅游景区试点单位，全面推动旅游城市和旅游景区的信息化建设。青城山、都江堰、黄山等景区已经率先实现了对景区的智能化管理和游客流量控制。酒店在智能化设计和应用方面也实现了很大突破，以便捷、高智能的服务和设计有效提升了游客的住宿体验。波士顿的Nine Zero Hotel将虹膜扫描感应器应用到套房，顾客只需凝视感应器，就可以轻松进入房间。拉斯维加斯的阿瑞亚赌场酒店利用无线射频识别技术代替传统房卡，顾客只要使用智能手机就能打开酒店客房，只需动动手指，通过轻触式挂墙显示屏，就可随意控制空调、客房灯光、窗帘开关、服务呼唤、网络电视及电台频道。芝加哥的智慧酒店将高科技、时尚、便捷、舒适完美结合，酒店内没有空调，而是通过高科技的室内体温传感器自动感测顾客体温并调节顾客体温。

## 二、全面提升旅游体验

展陈技术主要包括各类图像、实物的展示陈列技术，声光电展陈技术、多媒体技术和虚拟现实技术等。展陈技术的不断提高及广泛应用于旅游业，改进了旅游产品，提高了旅游展览中的互动体验效果，改善了旅游营销网站的多维展示效果，从而全面提升了游客的旅游体验。

展陈技术不仅推动了主题公园主题产品的更新和完善，也丰富了景区的旅游产品形式。中国的主题公园行业自1989年深圳"锦绣中华"开业至今，经历了20余年的发展，主题公园产品已从最初缩微景观的简单陈列向以高科技为核心，以动漫、电影等文化元素等为灵魂的高体验性、高娱乐性、高互动性的游乐项目转变。国外以迪士尼、环球影城为代表的、高技术含量的模拟情境如地震、火山爆发、虎口历险等为旅游者带来前所未有的体验。国内的方特主题公园、华侨城欢乐谷等均将现代高科技与娱乐技术相结合，前者打造了方特欢乐世界和方特梦幻王国等以高科技为支撑、以动漫卡通人物为主线的现代主题公园，后者则广泛应用空气压缩推动弹射、3D技术、声光电水汽特效等众多高科技手段，使游客在丰富的旅游形式中享受到了高科技带来的前所未有的体验。除主题公园外，景区中也广泛运用现代化科技手段，将声、光、电、气等多项技术应用于旅游景观，不仅独创性地制造出新的旅游吸引物，也使原来一些静态的、单调的自然和人文景观被赋予了生命与灵气，以其生动的、多变的造型吸引了游客的目光，激发游客重游的欲望。香港的幻彩咏香江，以镭射灯光和音乐相结合的形式，成为香港最具吸引力的夜间吸引物。武汉的光影秀运用现代高科技投影技术，将3D虚拟影像投射到标志性建筑物上，通过影像变化形成虚拟与现实的互动变幻景象，光影秀的打造成为武汉新的旅游标志。

虚拟现实技术在旅游景区的应用，以沉浸感和交互性的特质大大提升了展项参观的趣味性和参与性，通过充分挖掘游客的视觉、听觉、嗅觉和触感等感官接触，游客可以从更深层面上感知展品内涵，从而在认知层面上和心理层面上都能达到良好的接收效果。虚拟现实技术在博物馆的应用改变了传统博物馆旅游以图片、故事、讲解、实物为主体的平面、静态展示形式，通过二维虚拟现实图形技术、三维数字等虚拟现实技术建立虚拟博物馆，以虚拟物品和场景来展示表达的内容，把原来无法展示的建筑、文物、考古现场等用全新的手段展示出来，建立全视角全方位视景，已经成为文博等旅游相关产业发展的重要科技应用之一。希腊科学家应用数字虚拟技术，建立了一个古希腊建筑虚拟影像系统，只要戴上一个名为"古建筑导游仪"的装置，人们就可以去感受曾经璀璨一时的古希腊文明。罗浮宫、大都会博物馆网站中也应用了数字虚拟技术。通过立体、真实感十足的网络体验，进入罗浮宫网站访问的人数超过了入馆访问人数的一百万。2010年，上海世博会期间中国馆展出的巨型动态版《清明上河图》，用长128米、高6.5米的弧形屏幕虚拟呈现出北宋宣和年间世界上最大城市汴京的繁盛景象，画卷中1000余个中国古代人物形象在日景夜景交替中，举止各异、栩栩如生。动态版《清明上河图》成为了最受欢迎的中国馆展项之一，成为虚拟现实技术在国内景区应用中的成功典范。

虚拟现实技术中的全景展示技术以互联网为载体，能够进行360度全景观察，而且通过交互操作，可以实现自由浏览，从而体验三维的VR视觉世界。并通过网络技术将真实的场景还原显示，具有较强的互动性，使游客有身临其境的感觉，目前在观光、餐饮、住宿等多领域中已推广应用。2009年，Google推出了Google City Tours，成功试用旅游定制服务领域，通过增加Google地图的新功能，游客仅需确定城市的主要兴趣点和游览日期，软件可以为用户规划出符合游客需求的旅游行程。三维虚拟旅游系统，逼真地模拟人在现实世界中视、听、动等行为的人机界面技术，它是一种多源信息融合的交互式的三维动态视景和实体行为的系统仿真，使用户沉浸到该环境中去，给人以身临其境的感觉。目前，国内已有全景客、3D旅游网等多家企业从事虚拟旅游业务的开发和运营。

### 三、助力旅游业可持续发展

节能建筑材料、资源循环利用技术等在旅游企业的应用，不仅降低了企业的运营成本和能源消耗，成为旅游企业创新的课题，同时也有益于旅游业的可持续发展。旅游资源检测、保护、修复技术的提高，改善了旅游资源的传统保存形态，为人文类旅游景区带来新的发展机遇。

节能减排技术在旅游业广泛应用，尤其是酒店业最为普遍。酒店业是重资产型产业，能源消耗占比较高，目前我国酒店业能源消耗费用平均约占酒店收入的13%。其中空调占51%、照明占21%、机电占17%、其他占10%。酒店企业科学性地运用节能科技,实现节能管理,从而减少能耗、提高企业效益,是现代化酒店创新管理的新内容。酒店在节能减排过程中,一方面通过使用新技术减少能源消耗(见表1-3),另一方面通过使用节能型建筑材料等节能新产品降低能耗。北京蟹岛度假村借助资源回收利用和可再生技术,在度假村内实现了水资源的能量梯级利用、物质资源的循环利用以及地热、太阳能等清洁能源的利用,降低了企业的运营成本,同时成为北京市饭店企业节能减排的典范。在充分应用节能减排技术降低旅游企业能源消耗的同时,企业在管理中广泛落实绿色理念,并通过采用节能减排新产品来降低能耗也是常见的做法。酒店业是较早采用节能减排理念和产品的行业,早在90年代中期,国内的众多合资、外资酒店就发起了绿色行动,此后,绿色饭店理念为国内众多酒店所接受并应用于酒店建设、经营、管理的各个环节。上海璞丽酒店在建设中充分考虑了节能建筑的各种可能,建筑外墙采用可呼吸式节能玻璃幕墙,以发挥隔音、隔热和隔离紫外线功能,酒店南面采用太阳能面板以采集自然能源,降低建筑大楼的能源消耗。北京蟹岛度假村的一号会议楼在建设中采用生态化建筑技术,建筑采用自然采光的透顶天窗,采光面积为普通建筑的4倍,保证白天的自然光满足使用。同时在建筑物地下设计空气储存管道,达到自然排风效果,减少了一般建筑物用风机强力抽风带来的能源消耗。除建筑物整体设计,利用小型节能新产品也是酒店降低能耗的重要途径。如采用节水型坐便器、淋浴器安装水温调节器、公共卫生间可安装感应水阀、酒店配电房可采用节能型变压器等。

表1-3 节能技术在酒店中的应用

| 节能技术种类 | 节能原理 | 主要应用 |
| --- | --- | --- |
| 变频技术 | 采用交流变频器控制水泵运行,按需要设定温度,使设备系统储备的热容量和随时间季节变化的热负荷通过转速自动调节,在满足热负荷正常使用的条件下,达到最大限度的节能。 | 中央空调系统 |
| 数字模糊技术 | 模糊控制是一种全新的控制技术,它特别适用于室外气象参数和室内负荷变化频繁的场合。由于室外气象参数和室内负荷变化具有随机性,对室内温湿度的控制量是无法精确计算的,控制系统的传递函数也是无法预知的,这就是所谓的模糊性问题,模糊控制引进模糊数学的理论,成功地解决了此类问题的控制。 | 酒店空调系统、电梯系统以及各种泵 |

续表

| 节能技术种类 | 节能原理 | 主要应用 |
| --- | --- | --- |
| 废热、余热的回收利用技术 | 作为中央空调系统的重要组成部分——制冷机组的热端单纯靠冷却水带走热量，既加大了冷却水系统的负担又没有充分利用热量，造成了能源的浪费。充分利用热交换原理，将余热中热水系统引入中央空调系统，利用制冷机组热端产生的热量来满足生产生活用热水，充分利用了热量又减轻了冷却水系统的负担，达到了节能减排的目的。 | 中央空调系统 |
| 中水、冷凝水的回收利用技术 | "中水"称为"再生水"或"回用水"，主要是指城市中的生活污水经处理后达到国家规定的水质标准，可以在一定范围内重复使用的非饮用水。<br>将空调机组运行时热交换器产生的含热量的凝结水回收，在经过水质优化处理后可用于锅炉回水；洗衣房蒸汽冷凝水，直接回收到锅炉房的软水箱等。 | 经过中水回收系统处理后的水用于浇灌绿地、洗车、降温等 |
| 照明智能化管理技术 | 智能照明控制系统就是指可以使照明系统工作在全自动状态，系统将按预先设定的若干基本状态进行工作，这些状态会按预先设定的时间自动地切换。<br>(1) 安装智能照明调控器——实现智能照明调控、有效保护电光源、降低电能消耗的功能。<br>(2) 安装照明节电器——减少有功功率消耗、降低无功功率。<br>(3) 选择优质的电光源。 | 酒店营业场所（大厅、餐厅、客房等）、内部办公场所、公共空间（走廊、洗手间等）以及露天场等 |
| 太阳能技术 | 太阳能热水系统是利用集热器吸收太阳能，将光能转化成热能，并通过储水箱储存热水的装置。太阳能热水系统自动化程度高，不需专人操作即可实现上水、采热、保温、能源切换、补水、供热水等全过程。晴好天气完全由太阳能生产热水，阴雨天气或用水量过大（超过正常设计水量）时自动切换成常规能源进行加温，让储水箱保持一定的热水量。 | 以太阳热水系统替代或部分替代燃油锅炉 |

续表

| 节能技术种类 | 节能原理 | 主要应用 |
| --- | --- | --- |
| 楼宇控制技术 | 可以通过楼宇控制技术的实施来达到对每种机电设备的精细操作，将节能措施落到实处，充分发挥每台设备的最高效率，同时延长设备使用寿命，降低酒店运营成本，提高酒店管理和服务水平。<br>（1）酒店温度控制：楼控系统可根据负荷曲线提前调整控制状态，及时保证室内的温度舒适，减少控制动态波动的能源耗费，根据不同时间段调整空调机组和冷水机组的运行工况和效率，以实现节能控制。<br>（2）室内照明控制：利用配合时序控制器、配合昼光感知器或附亮度检知器、热感开关装置、整体群控式照明控制系统来进行照明的智能控制。 | 酒店营业场所（大厅、餐厅、客房等）、内部办公场所以及公共空间（走廊、洗手间等）等 |

现代科技的发展，将多学科方法和技术综合应用于旅游资源保护中，如生物技术、化学技术、卫星与遥感技术、物理技术、化学技术等被广泛应用于传统自然、人文资源保护，一方面通过科技应用，降低了景区的资源保护成本，提高了资源保护效益；另一方面在保护资源受到最少人类干扰的同时，也借助科技使许多旅游资源可以为更多旅游者所欣赏，为更多旅游者带来福利。如武夷山景区利用卫星遥感图像，对遗产地范围内的动态情况进行监测分析，可以及时发现景区内的资源变化，便于景区管理者及时采取保护措施，在降低人力成本的同时大大提升了资源的保护效果。甘肃省博物馆运用温湿度检测仪控制文物展厅的温湿度，在保证游客参观、欣赏马踏飞燕青铜器的同时，也有效保护了马踏飞燕青铜器的安全。

## 四、为政产学研紧密合作提供平台

旅游业要建设成为人民群众满意的现代服务业，需要充分发挥知识、技术和信息等现代生产方式和手段在产业中的作用，应用现代化的经营管理方式以实现对传统旅游业的继承、创新和提升。旅游业在由传统服务业向现代服务业转变的过程中，行业内分工和专业化是基础，商业研发和自主创新是推动力，政产学研合作则是创新转化的有效手段。

近年来，尤其是 2000 年以后，政产学研合作的平台逐步搭建起来，一批服务于产业和企业发展的旅游研究中心和旅游研究机构相继成立，中科院、社科院、北京大学等顶级院校和科研机构都设立了旅游研究中心（见表 1-4）。同时，政府机构也加强了对产业发展的研究，或单独，或与高校联合建立旅游研究机构，如国家旅游局、山东省、河南省等均设立了旅游研究机构，上述机构的设立为旅游业政产学研的合作搭建了良好的平台。

表 1-4　国内部分院校及政府部门设立的旅游研究机构

| 部门 | 旅游研究机构 | 成立时间（年） | 部门 | 旅游研究机构 | 成立时间（年） |
| --- | --- | --- | --- | --- | --- |
| 上海社科院 | 旅游研究中心 | 1978 | 国家旅游局 | 中国旅游研究院 | 2008 |
| 浙江大学 | 风景旅游规划设计研究中心 | 1995 | 山东省旅游局 | 山东省旅游发展研究中心 | 2008 |
| 北京大学 | 旅游研究与规划中心 | 1997 | 上海市旅游局、上海师范大学、上海旅游高等专科学校 | 上海旅游发展研究中心 | 2009 |
| 广州市旅游局 | 旅游规划研究中心 | 1998 | 吉林工商学院 | 吉林省旅游文化研究中心 | 2009 |
| 中国社科院 | 旅游研究中心 | 1999 | 甘肃工业职业技术学院 | 天水旅游发展研究中心 | 2009 |
| 中山大学 | 旅游发展与规划研究中心 | 2000 | 黑龙江大学 | 黑龙江旅游产业发展研究中心 | 2010 |
| 广东省旅游局 | 广东省旅游发展研究中心 | 2000 | 长治学院 | 太行山生态与旅游研究中心 | 2010 |
| 中国科学院 | 旅游研究与规划设计中心 | 2001 | 山东大学 | 济南文化旅游研究中心 | 2011 |
| 湖北大学 | 湖北旅游开发与管理研究中心 | 2001 | 青岛市旅游局、青岛大学 | 青岛旅游发展研究院 | 2011 |

续表

| 部门 | 旅游研究机构 | 成立时间（年） | 部门 | 旅游研究机构 | 成立时间（年） |
|---|---|---|---|---|---|
| 南昌大学 | 旅游规划与研究中心 | 2003 | 山东省旅游行业协会、山东省旅游职业教育集团、山东旅游职业学院 | 旅游产学研合作促进会 | 2012 |
| 河南省政协 | 文化旅游产业发展研究中心 | 2005 | 无锡市旅游协会、无锡市城市职业技术学院 | 无锡旅游发展研究中心 | 2012 |
| 四川省社科联、教育厅、乐山师范学院 | 四川旅游发展研究中心 | 2006 | 山西社科院 | 文化与旅游研究中心 | 2013 |

现代旅游业的发展对人才、科技和研发依赖性更强。企业作为创新的主体，基于竞争和发展的压力，具有开展基于消费需求的商业研发和自主创新的内在动力，同时也会直接使用外部科研力量的研发成果，或与外部研究机构合作研发，通过新产品、新技术、新业态带来的高额利润推动企业的快速发展，并提升企业在市场上的竞争力（见图1-11）。

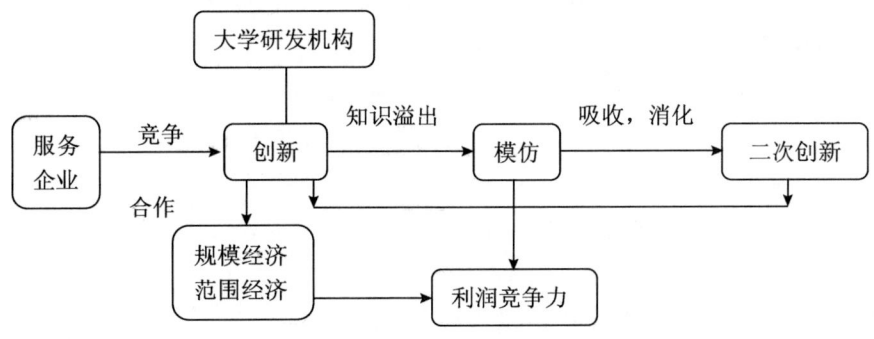

图1-11 服务企业的创新过程①

近年来，来自旅游企业和高校、旅游研究机构的应用型研究成果不断增加，旅游发明专利总体上升，客观上推动了旅游产业界创新活动的发展（见图1-12）。旅游业的专利申请中，外观设计的专利数量最少，历年均未超过5

---

① 任英华. 现代服务业集聚统计模型及其应用. 湖南大学，2010.

个，而发明专利和实用新型数量相对较高。旅游类发明专利涉及旅游设施设备、旅游产品、旅游服务、旅游管理、旅游信息系统等五大类别（见表1-5）。其中，网络虚拟旅游、图像放映虚拟旅游、主题公园类发明专利、GIS旅游团队管理、网络服务平台、数字旅游管理系统等专利的发明对旅游企业的产品创新、经营管理等均起到了非常大的推动作用。

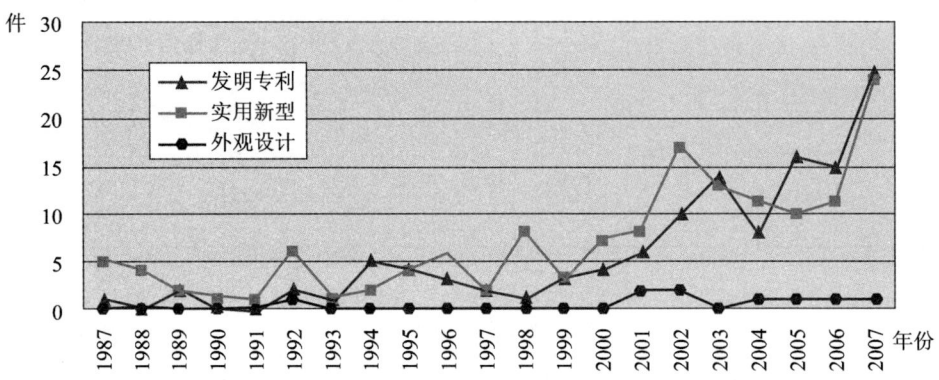

图1-12 发明专利、实用新型和外观设计趋势图

在发明创新的同时，高校和研究机构也不断加强对旅游产业运行状况的研究，从宏观上把握产业运营态势，并为旅游企业发展提供相应的咨询和服务，推动产学研的合作，如中国旅游研究院建立了旅游经济仿真实验室和博士后工作站、中国社科院设立旅游研究中心等，我国旅游研发和创新已取得初步进展。

表1-5 旅游业发明专利IPC分类表①

| 一级 | 二级 | 三级 | 四级 | 数量 | | 所属IPC分类描述 |
|---|---|---|---|---|---|---|
| 旅游业 | 旅游设施与设备 | 旅游设施 | 游乐设施、登山工具 | 2 | A63 | 运动；游戏；娱乐活动 |
| | | | 旅行或野营装备 | 2 | A45 | 手携物品或旅行品 |
| | | | 旅游索道 | 1 | B61 | 铁路 |
| | | | 游乐船 | 2 | B63 | 船舶或其他水上船只；与船有关的设备 |
| | | | 娱乐宫 | 1 | E04 | 建筑物 |
| | | | 风景区标识 | 1 | G09 | 教育；密码术；显示；广告；印鉴 |

① IPC（International Patent Classification）：国际专利分类。

续表

| 一级 | 二级 | 三级 | 四级 | 数量 | | 所属IPC分类描述 |
|---|---|---|---|---|---|---|
| 旅游业 | 旅游设施与设备 | 旅游设备 | 模拟景观装置 | 1 | G03 | 摄影术；电影术；利用了光波以外其他波的类似技术；电刻术；全息摄影术 |
| | | | 语音翻译机 | 2 | G06 | 计算；推算；计数 |
| | | | | 2 | G09 | 教育；密码术；显示；广告；印鉴 |
| | 旅游产品 | 旅游景观 | 模拟自然景观 | 1 | A63 | 运动；游戏；娱乐活动 |
| | | | | 1 | B05 | 一般喷射或雾化；对表面涂覆液体或其他流体的一般方法 |
| | | | | 3 | B44 | 装饰艺术 |
| | | | 模拟风景名胜 | 1 | E04 | 建筑物 |
| | | 旅游景区 | 游乐园 | 1 | G06 | 计算；推算；计数 |
| | | | 娱乐宫 | 1 | E04 | 建筑物 |
| | | 旅游纪念品 | 集锦盒 | 1 | A45 | 手携物品或旅行品 |
| | | | 游票 | 1 | B42 | 装订；图册；文件夹；特种印刷品 |
| | | | 书画瓷碑 | 2 | B44 | 装饰艺术 |
| | | | 景区游览图 | 1 | G09 | 教育；密码术；显示；广告；印鉴 |
| | | 旅游工艺品 | 仿玉石工艺 | 1 | B28 | 加工水泥；黏土或石料 |
| | | | 雕刻、印刷工艺 | 2 | B41 | 印刷；排版机；打字机；模印机 |
| | | | 装饰艺术 | 9 | B44 | 装饰艺术 |
| | | | 仿景点工艺 | 1 | E04 | 建筑物 |
| | | 主题公园 | 海底公园 | 3 | E02 | 水利工程；基础；疏浚 |
| | | | 文化、战争、历史主题公园 | 7 | E04 | 建筑物 |
| | | 旅游建筑物 | 园林建筑、景点建筑、景区建筑 | 9 | E04 | 建筑物 |
| | | 旅游线路 | 旅游行程规划 | 2 | G06 | 计算；推算；计数 |
| | | 虚拟旅游 | 网络虚拟旅游、图像放映虚拟旅游 | 2 | G06 | 计算；推算；计数 |
| | | 全景浏览 | 单环场镜头影像系统无死角无扭曲全景浏览 | 1 | H04 | 电通信技术 |

续表

| 一级 | 二级 | 三级 | 四级 | 数量 | 所属 IPC 分类描述 | |
|---|---|---|---|---|---|---|
| 旅游业 | 旅游服务 | 服务中心 | 游客服务中心 | 1 | E04 | 建筑物 |
| | | 导游服务 | GPS 导游系统 | 1 | G01 | 测量；测试 |
| | | | 网络信息导游 | 2 | G06 | 计算；推算；计数 |
| | | | | 8 | H04 | 电通信技术 |
| | | | 智能讲解系统 | 6 | G09 | 教育；密码术；显示；广告；印鉴 |
| | | | 电子音像导游 | 1 | G09 | 教育；密码术；显示；广告；印鉴 |
| | | | | 1 | G11 | 信息存储 |
| | | | | 3 | H04 | 电通信技术 |
| | | | 导游机 | 3 | H04 | 电通信技术 |
| | 旅游管理 | 旅游服务管理 | GPS、GIS 旅游团队管理 | 1 | G01 | 测量；测试 |
| | | | 网络服务平台 | 1 | G06 | 计算；推算；计数 |
| | | 旅游管理系统 | 网络管理系统 | 2 | G06 | 计算；推算；计数 |
| | | | 数字旅游管理系统 | 1 | G07 | 核算装置 |
| | | | 旅游门票 | 3 | G11 | 信息存储 |
| | | | | 6 | G06 | 计算；推算；计数 |
| | | 旅游信息系统 | 旅游编码 | 1 | G06 | 计算；推算；计数 |
| | | | | 1 | H04 | 电通信技术 |
| | | | 旅游信息查询 | 2 | G06 | 计算；推算；计数 |
| | | | | 2 | H04 | 电通信技术 |

国内的旅游企业在发展过程中，对商业研发和自主创新日益重视，通过自设研发机构和研究中心加强技术和产品的研发，保持企业持续的创新力，如首旅、携程、港中旅、乐途等均设立了研究院或研发中心。首旅集团还设立了博士后工作站，在自设研发机构和研究中心的同时，不断加强与高校和科研机构的研发合作，推动最新旅游研究成果向产品的转化。旅游企业与高校或研究机构的合作或通过建立战略合作关系，加强双方对共同课题的研究或建立人才培

养基地，或通过在高校或研究机构设立企业专门的研究中心，充分利用高校和研究机构的智力资源为企业的创新研发服务。2011年，去哪儿网与中国旅游研究院建立战略合作关系，充分整合双方的优势资源，共同推动在线旅游业的发展；2013年，去哪儿网与北京第二外国语学院建立研究生产学研联合培养基地，建设培养旅游行业基础研究人才的教育基地。此外，希尔顿全球与上海复旦大学等高校、中旅集团与南开大学、中青旅与北京市的部分高校、海昌集团与东北林业大学、中山旅游集团与华南理工大学、海南逍遥旅游集团与海南大学等均建立了合作关系。旅游企业与高校或研究机构合作，成立共同研究机构，实现双方的优势资源共享，也是目前出现的产学研合作的重要路径。如厦门夏商旅游集团与厦门大学合作，设立夏商旅游研究发展中心；嘉华国旅与山东旅游职业学院、济南职业学院合作成立旅游ERP软件研发中心、嘉华文化传媒有限公司等。

　　政府是旅游产学研合作的重要推动者。政府介入旅游产学研的合作主要通过以下途径：一是成立专门研究机构，为当地旅游业发展提供政策决策和咨询，如黑龙江省成立的旅游产业发展研究中心、青岛市旅游局与青岛大学合作共建青岛旅游发展研究院。二是政府搭建旅游产学研合作平台，全面推进本地范围内的旅游企业、院校、研究机构的合作。如山东省成立旅游产学研合作促进会，作为产业、企业、科研机构之间的产学研合作平台。山东旅游产学研合作，将建立六种基本合作模式，如各级旅游部门管理的优质资源与旅游院校的人才（智力）资源合作，共同寻找投资伙伴将研发成果转化成旅游产品；旅游部门通过公开招投标等形式，将管理的优质资源委托或授权投资商通过特许等形式进行经营；旅游院校直接与企业或投资者对接，转让技术或研究成果；企业或投资者委托院校进行专项技术或产品研发，通过购买或持股等形式开展合作；产学研各方按照需求关系建立合作共赢机制；建立重大课题集体攻关机制，各方围绕一个重大课题提供资源、智力、政策等方面的支持。三是政府借助行政力量，通过营造良好的产业发展氛围，推动产学研各方的合作。如湖北省旅游局专门印发了深入推进旅游校企合作实施方案的通知，推动旅游院校和企业之间的合作。

# 第四章 创新模式的全面探索

近年来，我国旅游消费在数量迅速增加的同时，旅游消费形式和内容也发生了巨大的变化，呈现出规模化、散客化、信息化、休闲化等大众旅游时期的需求特征。移动通信、网络技术、展陈技术等在旅游业的广泛应用，不断改变着旅游生产和服务的方式，推动旅游新业态的出现。需求和技术的共同推动，导致基于大众旅游需求的商业创新实践频繁发生，不仅拓宽了旅游产业边界，更促使传统旅游产业发生变革，形成创新模式，由狭义的旅游业走向广义的旅游业。饭店业由传统的星级饭店演变为集星级饭店、中档饭店、经济型酒店、农家乐、招待所等于一身的广义的饭店服务业；旅行社业由传统的提供固定旅游线路服务的旅行社演变为提供综合性、分散化、个性化服务的供应商，包括酒店预订、机票预订、门票预订、旅游线路购买、旅游信息咨询与分享的广义的旅行服务业；景区业由传统的历史文化和自然景区演变为全域景区。旅游产业的创新模式是广义旅游业发展的最好注解。

## 一、饭店业的创新

我国饭店业规模近年来一直保持了较快的增长速度，但从整体发展态势看，饭店业已步入微利阶段。在市场竞争压力、消费者需求、新兴市场兴起、新技术应用、创新型国家建设等多重因素的推动下，饭店业创新发展的动力将不断增强。

（1）饭店业态创新。业态创新是当前饭店创新发展的主要形式，中档酒店将成为未来一段时期饭店业态创新的重点。随着城市物业租金上涨、人力成本增加、一线城市竞争激烈等问题的出现，经济型酒店市场趋于饱和，增势放缓，主要经济型酒店连锁品牌开始转向中档酒店市场，如汉庭的全季酒店、如家的和颐酒店、格林豪泰的格林东方、布丁的 Z hotel 等。中国旅游研究院进行的《旅游经济监测与预警》的研究结果表明，40%的入境过夜旅游者和25%的国内过夜旅游者在旅游住宿产品上愿意选择中端酒店。与市场需求相错位的是，目前的中档酒店虽然数量可观，多为全面服务型、功能小而全、品牌定位模糊、缺乏创新和变化的单体酒店，无法满足游客的消费预期和核心住宿需求。从前述动向来看，中档酒店以其良好的市场前景、相对滞后的市场供给，将成为未来酒店业态创新的重点。随着国民休闲纲要和旅游法的出台，带薪休假制度将得到强制执行，度假酒店将获得新的发展机遇。与建筑设计相结合的设计酒店和不同文化元素及主题内容的主题酒店也将在一定范围内成为新业态发展的一个方向。

（2）商业模式创新是饭店业保持活力的重要因素。在商业模式的构成中，品牌、平台、资本、服务、技术等都是非常重要的变革性因素，创新可能发生于一个或多个要素的融合性或独创性的发展中。新技术和新运营平台与传统公寓、酒店的整合而滋生出的度假租赁酒店，以线上平台+线下限制资源+有限服务的商业形式，满足了游客短时度假、品质享受和高性价比的需求，将成为酒店商业模式创新的一个方向。

（3）饭店产品、服务与营销的创新。产品、服务与营销创新是饭店业持续性的创新活动。饭店企业需要通过日常性的运营管理创新来保证企业经营利润的增长。饭店产品与服务的创新将继续围绕科技应用和游客体验两大方面，通过技术应用完善饭店的产品功能，为游客提供最佳的住宿、餐饮、娱乐体验，从而提高顾客的满意度。各种新技术广泛应用于饭店业（见表1-6），为住店客人提供了更高品质的住宿体验。饭店的营销创新将紧紧依托互联网和移动互联网技术，关注移动终端的营销创新，充分利用旅游社交媒体营销和微信、微博、微电影等微营销手段，将营销触角与技术发展密切结合。

表1-6 新技术在饭店业的应用

| 目前广泛应用 | 2015年广泛应用 | 2020年广泛应用 |
| --- | --- | --- |
| 关系管理 | | |
| 16.7亿网络用户 | 在线预订主导 | 50亿网民 |
| 互联网用户的增长 | 客户关系管理演进 | 智能代理/软件助手 |

续表

| 目前广泛应用 | 2015年广泛应用 | 2020年广泛应用 |
| --- | --- | --- |
| 社交媒体的兴起 | 高带宽的无线宽带 | 语义网络 |
| 旅行规划 | 语音识别和语言翻译的日常应用 | 智能网络 |
| 平板电脑 | | 沉浸式网络(用网络技术传递感知、体验和感情) |
| 无线宽带 | | |
| 虚拟旅行 | | |
| **个人技术** | | |
| 增强现实(AR) | 个人显示器设备的迅猛增长 | 5G手机 |
| 3G手机 | 心智操控耳机 | 手势界面 |
| | 4G手机 | 平视显示器 |
| | 智能接口 | |
| **客房功能** | | |
| 媒体、光线和温度的中央和个人控制 | 3D电视 | 4D电视 |
| | 多媒体床 | 基于传感器的客房管理 |
| | IP电话 | 个人机器人 |
| | IPTV | |
| | 智能手机客房访问 | |
| | 客房礼宾部 | |
| **会议支持** | | |
| | 视频会议/临场感 | |
| | 虚拟会议和虚拟会展 | |
| **顾客服务** | | |
| 自助服务亭 | 交互显示器 | 可触亲笔签名 |
| 3D显示器 | 交互界面 | 屏幕触觉技术 |
| | 近距离无线通信技术(NFC) | |
| | 快速响应码,如二维码 | |

续表

| 目前广泛应用 | 2015年广泛应用 | 2020年广泛应用 |
| --- | --- | --- |
| 业务运营和管理 | | |
| 云计算 | 生物统计学（如声音/面部识别） | 传感器网络 |
| | RFID | 群体智能（分析群体行为） |
| | | 遥感安全 |
| | | 人群作业 |
| 数据安全 | 环境智能 | |
| | 混合平台 | |
| | 监测与监督 | |
| | 知识挖掘 | |
| | 预测分析 | |

（4）饭店设计和管理的创新。在资源不断枯竭、空气污染日趋严重的今天，新材料、新能源将被更充分地应用到饭店的建筑设计和设施设备配备中，饭店对节能减排、绿色环保的关注将会不断提高，绿色、环保型饭店将成为社会的关注点。基于云计算、物联网、移动互联网的管理网络的构建将会对饭店业的管理产生革命性的影响和促进作用，推动未来饭店管理向更加现代、科学的方向发展。

## 二、旅行社业的创新

在线旅行社的出现，改变了我国传统旅行社的创新发展路径，将我国旅行社的创新发展引向一个基于市场需求和科技创新的新发展阶段。中国旅游研究院旅游经济监测与预警的研究数据表明，我国散客比重已达到96%，散客化时代已经到来。在市场需求和竞争压力的双重推动下，以运营团队旅游和固定线路为主要特征的传统旅行社，创新势在必行。

（1）在线旅行社仍将成为未来一段时期旅行社业态创新的焦点。根据CNNIC（中国互联网络信息中心）2013年7月发布的第32次调查报告结果表明，至2013年6月底，我国的网民数量升至5.91亿，比2012年底共增加了4379万人，互联网普及率达44.1%。2012年全年在网上预订过火车票、机票、饭店和旅行行程的网民人数剧增至1.11亿，占整体网民比例达19.8%，相较于2011年在线旅游用户人数增加了265.43%。中国在线旅游的网民数量今后仍有着巨大的上升空间，未来在线旅游的需求仍将得到不断释放，在线旅行社仍有广阔的创新发展空间。在游客出行散客化、游客需求个性化、移动终端普及化的趋势影响下，未来在线旅行社的发展将趋向于以下几方面：第一，综合性大而全的在线服务商。综合性的在线旅游服务商能够有效整合线下资源，全面提供饭店、机票、景区、娱乐、餐饮等的在线预订，提供个性化线路设计和服务内容，为游客提供量身定制的旅游产品；第二，专业性在线服务商。专业性在线服务商能够有效整合某类旅游产业要素的线下资源，专业提供某类产业要素的线上预订及衍生服务，将线上市场和线下资源相结合，把该细分市场做到极致。第三，移动终端将成为未来一段时间内在线旅游服务商布局和发展的重点，基于移动终端的旅游产品创新仍将有更大突破。

（2）规模化经营创新。目前，我国旅行社产业集中度低、布局分散、大量小微旅行社广泛存在，小、弱、散、差的整体格局仍未有太大改观。企业的规模化发展将是改变目前格局的重要途径。在与旅游电商的竞争中，大型旅游企业将继续通过横向一体化整合旅行社资源，做大规模，以行业巨无霸身份增强企业在要素供应谈判上的话语权，以更低价格获取酒店、景区、购物、娱乐等旅游要素，成为市场上旅游综合要素的供应者，增强旅游企业的市场竞争力。大批小型旅行社将成长为专业性的旅游零售商，通过向大型旅游企业购买旅游线路和产品，承担直接对客销售及旅行服务接待工作。通过专业化分工，推进形成以大型旅游批发商和小型旅游零售商共存的旅游批零体系。

（3）产业链整合创新。旅行社行业早已步入微利时代，依靠内部管理实现成本节约的空间已经微乎其微。在竞争压力的推动下，大型旅游企业将转向开辟新市场，从产业链薄弱环节出发，整合产业链条，向旅游产业链条的上游、下游发展，并通过填补薄弱环节等战略举措，实现企业的纵向一体化发展，全面增强企业在要素获取和营销方面的控制力和话语权，提高企业的经营效益。旅游企业的产业链整合，既有向上游产业链条的供应商发展，如航空、景区、饭店、娱乐、购物中心等，也有向下游产业链条的服务提供商发展，如在线旅游商、旅游预订网站等，最终形成复合型旅游集团。

（4）产品、服务和营销模式创新。在散客化发展趋势和游客个性化需求的推动下，根据旅游者的需求，从线路、方式和服务等多角度为旅游者量身定制具有个人风格的旅行产品，旅游定制将成为未来旅游产品创新的方向之一。在营销模式创新方面，传统旅行社的信息化建设将得到进一步加强，构建自有旅游电商平台或以旅游联盟形式构建旅游电商交易、展示平台等也将成为新的创新趋势。同时，微信、微博等营销方式也将更加普及，用于企业宣传自有产品，培育黏性用户。

## 三、景区业的创新

景区是旅游业发展的先决条件和核心载体，是最主要和最根本的旅游供给。2012年，我国国内旅游人数达29亿人次，居民的出游频次和旅游意愿不断增强，国民大众的旅游需求不断释放，休闲度假旅游正日益成为人们的一种生活方式。国民旅游休闲纲要和旅游法的出台，为景区业的发展营造了更加有利的环境。在上述因素的推动下，景区业的创新发展也将步入一个新的阶段。

（1）景区业态创新。主题公园、产业融合型景区、无景点旅游等将成为景区业态创新的重点。在休闲度假旅游渐成趋势的背景下，主题公园仍将是未来一段时间旅游景区业态创新的焦点。数字技术、人工智能、自动控制、声光电等高新科技将被广泛应用于主题公园开发，器械类、科幻类、虚拟现实类主题公园将成为未来一段时间创新的重点。文化仍然是主题公园创新的重要依托，以游戏、小说、电影为主体进行开发的主题公园也将成为未来主题公园的创新方向之一。旅游业与文化创意产业、信息产业、农业等融合而生的新景区将成为发展的热点。文化创意产业与旅游融合而生的文化创意类旅游景区，如北京798、成都东区音乐公园等以其时尚、艺术范成为吸引旅游者的新去处。依托虚拟现实技术，融合现实景区风光的虚拟旅游，满足了游客足不出户游览国内外名山大川的需求，未来该业态发展仍有较大空间。此外，无景点旅游是当前城市即旅游、乡村即旅游的体现，是旅游资源内涵不断延展的结果，也是国民大众旅游蓬勃发展推动的结果，实质是旅游者到非人工开凿的景点去旅游，是一种注重旅游品质与感觉放松的深度旅游，是体验经济发展方向下的旅游新业态。

（2）景区商业模式创新。旅游综合体是未来一段时间景区商业模式创新的重点，网游景区是景区未来商业模式创新的方向之一。旅游综合体的出现，改变了传统景区的以观光旅游为核心、以门票收入为盈利来源的发展模式，以旅游＋X为特征，实现景区的综合性开发和梯级发展，由单一门票收入向综合性收入转变，更契合当前旅游发展由景区单点旅游向目的地综合旅游转变的阶段特征。在对X的开发中，可以根据各地情况发展商业、地产、文化、娱乐等多主题，实现景区由观光向休闲度假旅游的转变。网游景区是网游与景区融合而生的产物，也是景区商业模式创新的有益探索。网游与景区的融合，一是通过将真实景区中的景物搬入网游中，使网游爱好者在游戏中感受景区之美，而后产生线下游览需求；二是将网游中的某些具有特殊吸引力的场景和环节移入现实景区中建设，成为新的旅游吸引物，吸引现实旅游者和网游爱好者前往参观和体验。通过线上游戏＋线下景区的结合，开创网游景区新的商业模式。

（3）景区产品和营销创新。当前旅游业的发展有四个趋势值得关注，即旅游大众化、出行散客化、行为个性化和营销网络化。未来景区产品和服务创新会紧密围绕市场特征开展，产品创新的方向包括：创意并增加具有本景区文化、历史特征或风景特点的体验性、参与性产品；充分挖掘本地文化内涵，并通过科技、策划等多种手段，实现本地文化向文化旅游产品的转化；提供更具个性化和本景区特有风格的旅游服务；将现代科技应用于景区产品开发和服务中，为游客提供更具吸引力的新产品和更加便捷的服务，如数字伴游综合体等。景区营销将在传统方式的基础上，充分吸纳新的营销手段：增加景区微博营销平台，加强与游客的互动沟通；使用微信平台，加强与公众的日常沟通，形成黏性顾客；利用虚拟动画加图片方式代替单一图片展示景区风貌，给游客身临其境的感受；利用微电影等传播方式加强宣传。

（4）景区经营管理模式创新。景区经营管理模式的创新将聚焦于两方面，一是国有景区产权模式的进一步创新；二是景区品牌的输出管理。国有景区将继续通过探索所有权、经营权、管理权三权分离获得景区发展新动力，部分国有旅游资源或景区将继续通过出售、租赁、合作开发等方式探索高效的发展模式，民营资本和战略投资者的介入将会为景区经营管理带来新的发展动力。饭店业已形成了非常成熟的品牌输出管理模式，但在旅游景区，品牌输出还相对滞后。未来，以华侨城、方特等为代表的主题公园类景区管理方将会进一步加大对品牌输出的管理，将成熟的运营模式移植于更多地区；一般自然、人文类景区管理方，在形成了成功的商业模式后，有望在品牌输出方面有所突破。

## 四、旅游业典型创新

国民旅游消费需求的高速增长，为旅游业的创新发展提供了前所未有的机遇，一批专注于满足消费者核心需求的旅游企业蓬勃发展起来，在产业融合和现代科技的推动下，形成了特征迥异的旅游新业态。同时，旅游企业面对不断变化的市场需求，通过营销创新、产品创新、经营模式创新等多手段持续优化企业的发展模式，推动企业的持续增长。

**（一）业态创新型**

1. "互联网/移动互联网 + 旅游"模式

近年来，移动通信和互联网的高速发展，推动在线交易的快速增长，互联网和旅游融合而生的在线旅游业务成为旅游业创新发展的重要业态。据艾瑞咨询的数据，2012年中国电子商务市场交易规模达8.1万亿元，较去年增长27.9%；中国在线旅游交易规模为1729.7亿元，较去年同期增长31.6%，在线旅游经营业务在整个旅游市场中所占据的份额持续增长。以携程、去哪儿、艺龙、途牛等为代表的企业，依托科技创新，借助网络和移动互联网平台，开创了在线旅游这一新业态，在短期内获得了飞速发展，成为旅游产业的重要业态。

（1）OTA模式。以携程为代表的OTA，是旅游互联网企业传统化的典范。主要的业务运营模式是：大量整合上游企业、旅行社企业以及目的地旅游资源（国内外饭店资源、航空公司资源、线下旅行社线路、景区资源），将上述资源集中并且分类管理，游客通过访问网站，了解饭店、机票、门票、旅游线路和旅游目的地信息，也可以在线咨询或电话咨询客服，最后通过网上直接预订和电话预订等方式完成预订，选择在线实时支付或延迟支付（到店支付、收票后支付）等方式进行支付，游客完成支付后，OTA可以获取航空公司、饭店、景区、合作旅行社给予的代理费以及自有旅行社及旅游业务部门的其他销售收入。OTA业务运作模式见图1-13。OTA在业务运营中，为避免产品的同质性，部分OTA会选择某一细分市场深耕细作。携程是综合性的在线旅游运营商，以"网络+酒店+航空公司+景区+旅游线路"的全产业要素融合发展模式，成为在线旅游OTA的佼佼者。途牛网只做在线旅游线路这一细分市场，形成"网络+旅游线路"模式，以同业线路销售为重心。青芒果网则专注于经济型酒店预订,形成"网络+经济型酒店"模式。其他的 OTA 在与携程同业竞争的同时,业务均有所侧重,如艺龙以酒店市场为其核心竞争领域,芒果网在酒店、旅行社、门票之外,增加了邮轮产品。OTA 市场目前已形成相对稳定的竞争格局,2013 年第二季度,携程以 48% 的市场份额位居在线 OTA 的第一位,其次是艺龙,占 9.1%,同程网占 6.5%。

随着移动互联网的发展,来自移动端的客户需求不断上升,OTA 的业务运营平台正逐步由网络端向移动网络端转变,智能手机、Ipad 等移动端将在在线旅游业务中发挥更大作用,出现"移动网络+酒店+航空公司+机票+旅游线路""移动网络+酒店"等新模式。

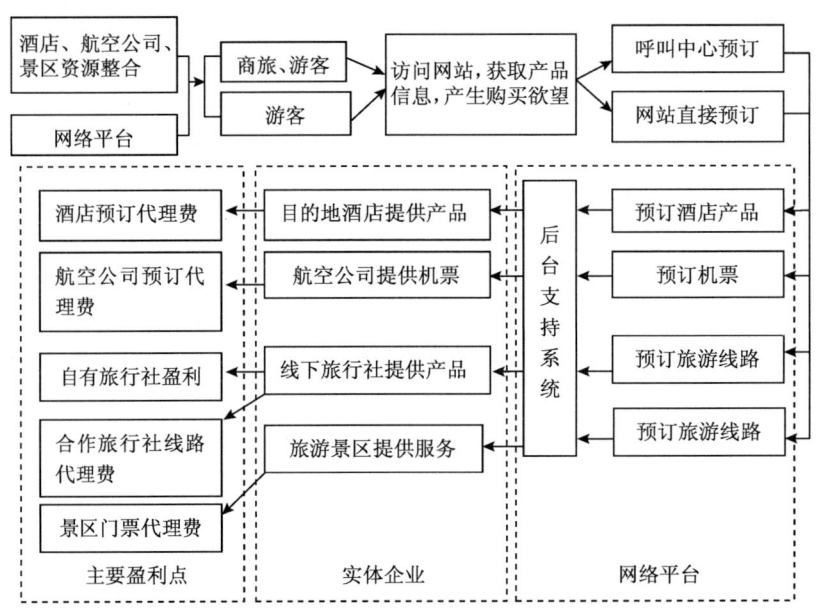

图 1-13　OTA 业务运营模式图

（2）旅游比价平台模式。以去哪儿为代表的旅游比价平台,其业务运营模式是:海量整合在线旅游产品信息,包括航空公司、在线旅游运营商等,通过搜索引擎技术为消费者提供便捷的旅游产品信息比价平台,消费者通过搜索机票、酒店、门票等旅游产品信息,可以获得相应网站的产品报价、折扣、详细信息以及预订链接,通过对比,选择性价比最优的产品供应商,并通过点击链接进行跳转预订。旅游比价平台以海量资源吸引消费者登录网站,并对消费者的旅游产品点击向代理厂商和上游企业收费。受旅游搜索平台盈利模式的限制,去哪儿网、酷讯旅游等均在比价平台之外,增加了旅游在线交易的新功能,通过预订收费拓展企业的收入来源。

(3) 在线旅游社区模式。在线旅游社区是旅游个性化发展的必然结果。随着经济能力、受教育水平的提升和旅游经验的丰富,旅游者对个性化旅行体验的追求更加强烈。旅游者不再希望得到整齐划一的旅游信息和产品,而是希望通过其他旅游者的真实旅行点评,获得自己感兴趣的信息,从而设计并实现自己的个性化旅游行程和体验。在线旅游社区的出现代表着旅游市场的逐步成熟。EyeforTravel 公司在英国进行的一次调查显示,英国年轻的职业人士非常重视在线旅游社区中的旅游攻略和评论中的提及信息,72% 受访者表示消费者评论对其旅游选择产生了影响。以蚂蜂窝为代表的在线旅游社区,构建了一个基于旅游者旅游体验经历和评论的交流平台,其业务运营模式是:搭建网络旅游在线交流平台,旅游者在平台上发表自己的旅行攻略、游记、旅游评价、旅行照片等内容,为潜在的消费者或即将成行的旅游者提供消费决策的参考。在线旅游社区通过提供在线旅游社交平台获得稳定、大量的消费者,并通过社区网站的预订导航分成和广告费用支撑在线旅游社区的继续发展。在线旅游社区中,到到网通过为游客提供全球酒店、旅行度假产品的真实评价平台,吸引黏性顾客,并进一步撮合旅行用户和酒店、景区、航空公司之间的交易,从而形成盈利模式。蚂蜂窝、穷游网的商业模式与到到网相似,但又有差异。到到网专注于国内外酒店点评,穷游网和蚂蜂窝则涵盖景区、酒店、目的地、餐饮、交通等众多内容。同时穷游网和蚂蜂窝的业务重点和商业模式也有差异:穷游网专注于境外旅游经验的分享,蚂蜂窝则相对偏向国内旅游;蚂蜂窝会对游客提及的景点、酒店等核心点进行人工编辑,形成攻略,放入蚂蜂窝的攻略库;穷游网的旅游攻略则是游客原汁原味的内容,未经整理;穷游网的收入来自于消费者点击酒店、机票、旅行保险预订后的佣金;蚂蜂窝则通过导航分成和广告费获取收益。

2. "地产 + 旅游" 模式

地产与旅游的融合,不仅使旅游地产这一业态出现,同时,旅游地产的综合性开发,客观造就了旅游综合体这一全新业态。地产与旅游的融合发展,是以旅游促人气,以地产提升商业价值,实现旅游与地产的良性互补和互动提升。国内以地产 + 旅游模式的企业可分为两类:一类是先旅游、后地产的以华侨城为代表的旅游地产模式;另一类是先地产、后旅游的以万达为代表的综合体模式。

（1）先旅游、后地产的华侨城模式。华侨城是旅游与地产融合发展的典型。华侨城发展之初，重点做主题公园，先后经历了多轮主题公园创新，实现了由锦绣中华、中华民俗村、世界之窗等展示性主题公园到参与性主题公园欢乐谷的转变，伴随着主题公园发展带来的旅游人流、物流以及住宿、餐饮、娱乐、购物等衍生需求，完成以主题公园为核心的周边交通、住宿、餐饮、娱乐、购物等配套设施建设，形成综合性旅游度假区，进而随着整个区域商业价值的提升，开发地产项目，获得地产收益。近年来，华侨城不断将其成熟的商业模式引入其他城市，在北京、上海、武汉、天津、成都等地打造以第三代主题公园欢乐谷为主导的旅游综合体，成功复制深圳华侨城的旅游地产模式。华侨城模式的核心在于通过旅游开发实现地产价值的提升，打造区域旅游综合体，从而获得综合性收益。海昌、方特等的旅游加地产模式，属于此类华侨城模式。

（2）先地产、后旅游的万达模式。万达是以商业地产起步和发展的，随着企业的快速扩张和发展以及地产业宏观调控趋紧，逐步转向地产和旅游融合发展的模式。万达的旅游地产模式经历了商业地产—万达广场—万达文化旅游城的转变。从早期的纯商业地产到城市综合体形态的万达广场，万达经历了由纯商业地产向涉旅地产的跨越。万达广场集百货、超市、影院、美食、星级酒店、商业步行街、写字楼、住宅等于一身，实现了多业态融合发展，以商业集聚人气，以地产获取高收益，两者相互促进。企业通过核心商业自有出租，住宅和写字楼销售等方式，以房地产开发收益补贴商业部分，最终实现综合性发展。由万达广场向万达文化旅游城的转变，是万达转型发展的体现。万达城是旅游、文化、地产融合发展的创新业态，既延续了万达广场成功的业态，如商业、地产等内容，同时将主题公园、星级酒店、娱乐、演出和文化融入其中，形成业态更为丰富的旅游综合体。万达近年来涉足旅游地产项目，相继开发或计划开发长白山国际度假区、武汉中央文化区、西双版纳国际度假区、哈尔滨万达文化旅游城、南昌万达文化旅游城、青岛东方影都、合肥万达文化旅游城、无锡万达文化旅游城等项目，由商业地产企业向旅游地产企业全面转变。在地产与旅游融合发展的同时，将高科技元素，如电影娱乐科技、舞台特效、飞行变化的 LED 巨幕等技术引入产业发展中，提升各业态的创新性和竞争力，并借助线上宣传和线下产品的一体化模式提升万达的产品营销效果。万达的旅游地产模式，是以商业地产的盈利助推旅游业发展，以巨额资金快速进入二、三线城市，从而在短期内形成极具区域影响力的旅游综合体。

3. "旅游+金融"模式

旅游业与金融业的融合发展,是国家政策客观推动的结果,同时也是旅游产业发展到一定阶段的必然产物。2012年,央行等七部门联合发布了《关于加强金融支持旅游业加快发展的若干意见》,提出鼓励金融机构和旅游企业整合,探索开发满足旅游消费需要的金融产品。意见的出台,为旅游业与金融业的融合发展提供了良好的政策环境,推动了旅游金融体这一新业态的出现。旅游与金融融合而生的旅游金融体,可以较好地实现旅游集团的内部资金融通,企业借助金融手段还可以实现对产业链的纵向整合和扩张,获取企业发展的规模效应。美国运通是旅游金融体发展的典范,国内的海航、锦江、港中旅、国旅等较早涉足这一新业态,并取得了一定成绩。目前,旅游与金融融合而生的旅游金融体包括旅游预付卡、旅游银行等。

(1)旅游预付卡。旅游预付卡是旅游与金融融合发展而形成的消费平台。旅游企业在获得央行颁发的支付业务许可证后,通过与景区、交通、酒店、餐饮、购物等相关部门合作,发行旅游预付卡,游客持旅游预付卡可以在发卡企业的合作公司中实现一站式刷卡消费,旅游途中的吃住行游购娱等产品和服务均可使用旅游预付卡向相应的旅游供应商购买;旅游企业还通过折扣、返利、优惠等多种方式,刺激游客增加预付额度和用卡次数。旅游企业通过发行旅游预付卡,可以获得大量现金流和固定资金,用于企业的再发展,也可借助旅游预付卡实现对相应部门,如酒店、机票、景区、购物、娱乐等业务的纵向整合,并扩张出旅游保险、旅游物流等衍生业务,实现对客源市场的最大开发。目前,锦江国际电子商务公司、海航旗下的渤海易生和海南新生信息技术有限公司、国旅信息科技有限公司等均获得了旅游预付卡业务资质,开展旅游预付卡等相关业务。锦江国际电子商务公司发行了综合旅行消费预付卡"锦江e卡通"。"锦江e卡通"持卡人不仅可以在锦江国际集团旗下星级酒店、锦江之星、锦江旅游、上海国旅、上海旅行社、锦江汽车服务、锦江迪生、锦江乐园、新亚大包、静安面包房等商户使用外,还可在数千余家特约商户进行刷卡消费,使用范围涵盖商务旅行、个人旅游、零售百货、娱乐休闲、餐饮、汽车服务、连锁超市等众多行业。"锦江e卡通"还开通了4008666000客服热线,并在其官方网站开通公共事业缴费及手机充值等服务,满足消费者的个性化消费需求。海航在获取预付卡发行资质后,与全国很多景区开展合作,发行了庐山如意卡、黄山卡等。消费者持有庐山卡，可以498元终身免费上庐山，同时也可用于庐山景区内商户的消费，推动了景区的资源整合。

（2）旅游银行。旅游银行的出现可以解决传统旅游企业资产轻、现金流富足、贷款难的特点，实现企业内部或企业之间的资金流通，使资金流向企业发展最需要的领域，为旅游企业融资提供更加容易、便捷的途径。国内最早的旅游银行是上海锦江集团财务公司，此后的2012年，港中旅集团在深圳设立了港中旅财务公司。财务公司是集团内部银行，针对集团内的成员单位，可以办理贷款及融资租赁；可以提供担保，办理成员单位之间人民币内部转账结算等业务。财务公司的核心内容是为集团成员单位提供金融服务，提高资金使用效率，从而达到优化资源配置，促进集团加快发展的目的。2012年，港中旅集团入股焦作市商业银行，成为该银行第一大股东，开始打造国内第一家旅游银行，进一步扩展港中旅集团的旅游金融板块。

（二）经营、管理创新型

在业态创新的同时，旅游企业也不断加大改革、创新力度，将新技术、新方法、新经营管理模式应用于企业发展，在运营、营销、产品创新等方面均实现创新突破。

1. 运营模式创新

我国旅行社在长期发展中形成了水平分工体系，各类旅行社无论规模大小，其经营活动均涉及产品设计、开发、销售、接待实施等各环节，水平分工体系造成旅行社产品的相互模仿和行业内的恶性竞争，无法实现规模化生产和专业化运作，降低了整个产业的运营效率。在此背景下，部分旅行社集团进行垂直分工体系的改革，实现产品设计、产品销售、产品实施、产品质量监督管理的分离，构建新的运营模式。宝中旅游由此形成了"加盟门店+管理软件+加盟线路"的运营模式。

宝中旅游的运营模式是，宝中旅游统一塑造企业品牌形象，进行市场营销，建立产品标准，研发天港成管理软件，以上述资源和宝中旅游品牌为依托，吸引旅行社和门店加盟，各旅行社通过线路加盟形式成为加盟旅行社，提供旅游线路的设计与线路资源的采购，各加盟门店集中销售旅游线路，相关销售信息通过天港成管理软件直接进入宝中旅游管理中心，由宝中旅游统一协调，交由各加盟旅行社分别实施线路，宝中旅游负责统一结算和质量监控，完成整个业务运作。上述运营模式正处于优化调整中，宝中旅游总部和各地分社在产品设计、资源集中采购中发挥的作用在增强，已经改变了过去模式中单纯由加盟旅行社进行集中采购的情况。

从2006年到现在，宝中旅游的飞速发展得益于其特有的门店连锁加盟、直营管理以及加盟旅行社合同制管理的制度。其盈利模式的实现有赖于下述要素的存在：

（1）管理软件系统。宝中旅游旗下所有门店和加盟旅行社所使用的"天港成管理软件"，是宝中旅游实现对加盟店和加盟旅行社业务管理的关键，也是宝中旅游盈利模式的核心。借助管理软件，宝中旅游所有门店实现同一系统的共享，游客报名时，系统可以自动生成发票号、合同号、保险号、订单号等号码，并实时显示该线路剩余数量等信息，宝中旅游公司管理运营中心对各门店报名的游客信息归类，分配给不同的旅行社操作实施，从而使门店、旅行社和宝中旅游三方实现利益。

（2）双加盟。宝中旅游通过吸引门店和旅行社加盟宝中，加盟门店负责产品销售，加盟旅行社提供专线产品的设计与要素采购，构建了宝中旅游与各加盟单位之间的垂直分工体系，从而实现产品生产、销售、实施和监督管理的分离，各业务构成环节因其专业做某些业务内容可以实现规模化运作，同时提高专业化水平，降低业务运营成本，提高运营效率。

（3）规模化经营。集中采购和规模化经营是旅行社降低成本的法宝。宝中旅游的盈利模式中同样离不开集中采购和规模化经营。宝中旅游在全国18个省份组建了22个子公司，加盟门店已达1600余家，所有门店实行总部统一制定的"统一采购、统一产品、统一广告、统一财务、统一人事、统一选址、统一形象、统一组团"八统一管理。通过广泛布点，宝中旅游能够保证客源数量，从而提高加盟的专线旅行社采购资源时的谈判能力，降低线路成本，扩大企业知名度，进一步促进更多游客进入门店的收客系统，从而实现宝中旅游快速扩张、利益共享的商业模式。

（4）标准化管理。宝中旅游对加盟门店和加盟旅行社旅游线路的管理主要通过标准化管理形式实现。加盟门店采取八统一管理，保证了产品的一致性，提高了管理效率，借助管理软件系统，各门店可以紧密处于集团的管控之下。对加盟旅行社主要通过制定线路设计和资源采购标准进行管理。

2. 营销创新

旅游业的营销创新中，以携程为代表的OTA利用互联网对传统的旅游营销进行了不断尝试和创新，被誉为互联网和传统旅游无缝结合的典范。OTA 的营销创新在于：依靠外在要素（资源）创造效益，如会员资源、资金优势、统一的平台优势等；改变传统营销模式中对客户资源的定位，将外部合作者的客户转为服务对象；改变企业在营销模式中的单一角色定位，将自己定为"分销商＋生产商"的双重角色。

微博、微信等新媒体营销被广泛应用于旅游业，经济型酒店成为最早的使用者之一。随着经济型酒店市场竞争的日趋激烈，对营销渠道和模式提出了更高要求。微博营销的低成本、高速度、广影响符合经济型酒店的营销需求，并快速被众多经济型酒店所使用。经济型酒店的微博营销，一是通过微博发送，宣传品牌，宣传产品，策划并推出活动等；二是通过微博信息的发布，与粉丝保持互动，及时了解粉丝需求，并做出即时解释，从而更好地达到酒店的营销目标，同时，通过微博互动，增进与粉丝之间的感情；三是将线下产品与线上宣传保持一致，实现线上、线下的互动。2012 年，微博粉丝数最高的前五家经济型酒店集团分别是华住、7 天、如家、格林豪泰、锦江之星。经济型酒店集团在微博运营中逐步形成了品牌传播、资讯分享和会员互动等多层次内容运营体系，并实现了官方微博与旗下门店微博、管理层微博和会员微博之间的系统运作和良好互动，微博营销颇有成效。

随着移动互联网的出现，微信营销正快速发展，是酒店营销模式创新的重要体现。2013 年 1 月 15 日，微信用户数量已经达到 3 亿，5 月份，微信月活跃用户达 1.9 亿。以快时尚著称的布丁酒店敏锐地捕捉到微信在改变酒店营销中可能发生的作用，并成为国内首家实现微信预订的酒店。2012 年 11 月，布丁微信预订功能开启，2013 年 5 月，布丁微信用户近 55 万，入住成功的订单中，新用户占 61%，日均订单 264 个，微信已成为布丁酒店重要的预订通道。目前，布丁酒店已初步构建起一个相对完整的微信营销模式：消费者关注布丁酒店微信，可以了解布丁酒店各门店基本资料、优惠以及门店周边的交通、美食等信息；可以通过微信端的菜单选项，预订酒店，查看酒店最新活动，修改自己的个人资料，查看预订信息等。预订成功后，会收到布丁酒店发送的预订成功的微信消息予以确认。同时，酒店通过微信端，可以获取客人的相关数据，为后期的经营提供决策帮助。利用用户信息管理模块，为用户特征打上标签，为酒店的后期数据挖掘和精准营销、定向信息发送提供服务，满足用户的个性化需求，彻底改变了传统的旅游营销方式。

3. 产品、品牌和服务创新

产品和服务是旅游企业运营的核心要素。产品创新和服务创新是旅游企业保持持久生命力和市场竞争力的关键。

根据市场需求变化，及时创新产品和服务，并保持市场持续热度。携程推出的鸿鹄逸游产品，着眼于高端客户，以顶级产品和量身定制的服务满足他们的旅游需求，市场反响良好。中青旅在产品创新中，紧紧把握热点，2011年热播电影《转山》上映后，立刻推出和电影中主角相同的旅游线路，满足户外旅游爱好者的需求，感受藏地独特的自然风光和民俗。海航旅业全面开发邮轮、游艇产品，并充分利用海航集团自身的航空、海上和陆上交通优势，形成丰富多彩的邮轮及配套旅游产品。

以品牌固化旅游产品创新成果。旅游产品容易被复制和拷贝，借助品牌固化产品创新成果，保护产品的创新效果是旅游企业经常采用的方式。随着旅游业发展的日趋成熟，国内的酒店企业也开始走向多品牌、多业态发展之路，如首旅集团旗下不仅有：经济型酒店品牌如家、欣燕都，中档酒店品牌建国、谭阁美，还有高档酒店品牌诺金等；华住酒店集团旗下拥有禧玥酒店、全季酒店、星程酒店、汉庭酒店、海友酒店等五个品牌，涵盖了高中低端酒店市场；维也纳酒店集团拥有维纳斯酒店、维也纳国际酒店、维也纳酒店和维也纳3好酒店四个品牌；经济型酒店中的如家、布丁等也在原有经济型酒店品牌之外，向中、高端酒店市场拓展，如布丁推出了Z Hotel、如家推出了和颐酒店。铂涛酒店集团在品牌创新的道路上快速发展，在原有7天酒店品牌的基础上，2013年从无到有地创设和推广mini五星酒店铂涛菲诺、以天然香气为特色的精品中端酒店麗枫、将咖啡文化与酒店文化相结合的喆·啡三个全新的酒店品牌。同时，为时尚睿智的商旅客人及城中潮人提供更具社交氛围和互动空间的中端品牌"Zmax Hotel"也即将推出，集团从高端酒店到舒适经济型酒店全品牌覆盖格局已经形成。旅行社企业也通过品牌形式，保护其自有产品品牌，并构建其独有的市场竞争力，如携程的鸿鹄逸游、春秋国旅的贵州之旅、南湖国旅的西部假期等。

以细节和个性化服务创新赢得忠诚顾客。在旅游行业整体服务水平持续提高的今天，企业的服务创新越来越集中于对细节和个性化的关注上。汉庭酒店提出了"无停留离店"的概念，持相同观念的还有布丁酒店等。无停留离店，是指客人入住时，刷了会员卡可以直接入住，入住完预订天数之后，可以免查房直接离店，这种服务的推出不仅节省了大量人工，也节省了住客时间，为酒店赢得了良好口碑。布丁酒店将智能、时尚的理念很好地融合进酒店产品中，通过手机扫描二维码，实现用手机控制电视、音响、房门和窗帘，将智能服务做得淋漓尽致。

# 第五章　让商业研发和自主创新成为旅游集团成长的新动力

我国旅游业的商业研发和自主创新，应将推动更加多元、更高层次的研发作为创新方向，充分发挥政府、企业和研发等各方面主体的力量，大力发展面向当代旅游需求和市场机制主导的科技应用，进一步提升现代旅游业发展质量，为打造中国旅游经济升级版奠定坚实的市场主体支撑。

## 一、研发和创新方向：推动旅游产业更加多元、更高层次的商业创新

中国正进入老百姓旅游权利全面觉醒的新时代，中国旅游正处于大众化发展的初级阶段，在这样一个转型进程中的发展中国家发展旅游，创新是必不可少的内容。通过制度创新和市场创新让更多的国民参与到旅游中来，通过技术创新、产品和服务创新进一步完善旅游服务，让游客享受更高的旅游品质，是未来一段时间旅游业界努力的方向。

要把握国民大众需求市场的变化，为国民大众提供与之相符的产品和服务。关注散客化时代的旅游目的地接待服务。以移动通信和互联网为代表的现代科技正革命性地改变旅游消费模式和产业组织形式，散客成为主流的旅游方式。2012年，近97%的游客选择自由行或自助旅游，而非以团队方式出游。在散客主导的市场环境下，旅游目的地要在实际工作中探索全新的宏观调控和微观监管体系，打造市民与游客共享的空间，完善旅游基础设施建设和公共服务配套体系，为游客在旅游目的地的自由流动提供充足的保障，在满足游客自在旅游的基础上，让游客享受高品质的服务水平。

关注游客消费指向多元化形势下的产品和服务供给。旅游已经从过去少数

人享有的奢侈消费转变为日常生活的组成部分,成为寻常百姓都享受得起的生活服务品。作为常态化的生活方式,游客在旅游目的地的需求也更加多元化,他们会全面融入旅游目的地的生活空间,在观光之余,购物、娱乐、民俗体验、休闲放松等都是游客的日常需求。不同社会阶层对旅游的广泛参与,其需求也各有差异,要求旅游目的地和旅游企业能够为游客提供种类更加丰富、覆盖面更广、体验更深入的旅游产品和服务。

通过制度、技术、产品创新,为游客提供更加便捷的服务,营造宾至如归的氛围,全面提升游客的旅游品质。旅游企业界应该科学把握我国旅游市场的基本面,把商业模式牢牢建立在最大多数国民旅游者的核心需求之上。旅游目的地和旅游企业应充分利用移动通信和网络科技,推动智慧旅游在旅游各业生根发芽,使游客能够借助手机终端或网络终端就可以获取旅行所需的一切便捷的信息和服务预订,虽身在他乡,却倍感亲切。

以游客满意为旅游目的地考核的重要指标,以游客满意度指向为优化供给结构的重要参考。游客满意度是游客从第三者角度客观评价一个城市生活的各个方面,反映了城市运营、管理水平和公共服务质量的高低。旅游目的地应围绕国民大众的需求,切实改进旅游产品、服务要素的供给,建立合理的产品体系和价格体系,大力提升服务质量,进一步规范市场秩序,促进旅游供求结构的均衡,提高游客满意度。

## 二、研发和创新指导思想:面向当代旅游需求,全面构建现代旅游服务业体系

当前旅游产业研发和创新的核心指导思想是:面向当代需求,以市场机制为主导,以商业模式为载体,广泛应用科学技术,构建充满活力、具有国际竞争力的现代旅游服务业体系,为中国旅游升级版打造坚实的市场主体支撑。

发展现代服务业,归根结底就是要发展现代旅游业。目前,我国旅游业已经初步具备现代服务业的产业特征。旅游消费已经成为大众消费,市场化供给体系基本形成,经营主体发育较为成熟,旅游产业链条不断延伸,由单一的生活性服务业向生活性服务业、生产性服务业两端拓展。但我国旅游业中还有诸多传统、落后的成分,智力密集程度较低、可持续发展能力不足,需要向发达国家的旅游业看齐,以提升现代性为导向,系统推进产业转型升级。

利用分工和专业化、资本人才、研发创新、科学技术等现代经济增长要素和手段，促进传统旅游业向现代旅游业转变，增强为生产生活服务的功能，并通过市场主体竞争力评价指标体系监测，促进旅游业发展质量的全面提升，是把旅游业培育成现代服务业的必由之路。以产业素质作为旅游业发展质量的前提条件。旅游业产业素质和生产方式提升主要体现为产业各生产要素的现代化程度，包括发展理念、产业地位、生产组织、生产工具和工艺、企业家和劳动者的素养和技能等。推动旅游业向现代服务业转型，就是要紧紧依靠现代科学技术尤其是信息技术，把现代科技成果充分应用于旅游业，依靠高素质人才和管理服务创新，努力提高旅游业的科技含量。要加快旅游业与信息、物流、金融、咨询、社区等现代服务业的融合发展。逐步实现"三化"建设：

观念现代化。政府主管部门、旅游行业各主体应高度重视产业发展方式转变中的新问题，以大旅游理念为指导，将旅游相关行业及早纳入管理范畴。积极应用信息技术，增强专业功能，增强自主创新；改变粗放式发展方式，将生产和经营活动转到集约、高效的发展路径上来。

生产现代化。各旅游行业要实现转型升级和发展方式转变，促进现代科技与旅游企业的融合发展；加大知识和技术在生产中的转化力度，提升旅游行业的知识含量；重视人才的作用，不断引进、培育高素质人才并逐步提高他们在企业现代化发展中的作用；扩大企业的国际化视野，借鉴国内外其他现代服务业的先进经验，不断提高旅游业的现代化水平。

企业组织现代化。运用现代企业管理理念、运营方式，加快建立现代企业制度。以信息、技术、管理等现代生产管理手段促进企业发展，实现由劳动密集、经验密集型产业向技术引领、管理科学型企业发展。鼓励旅游企业增设研究院或研发中心，招聘研发人员，把新技术、新设备、新产品研发作为企业战略发展的重要使命。以新业态为先导推进现代企业组织建设。新业态是适应新的市场、技术、制度等环境下产生的具有活力的业态，新型企业往往采用更加切合市场需要的商业模式和运行模式，代表着产业发展的重要取向，有助于引导传统企业的转型升级。

## 三、重点工作：建设政府、企业、学界三位一体的研发创新体系

政府要充分发挥市场主体的作用，积极培育创新环境，为旅游企业创新营造适宜的氛围。企业应牢牢把握国民大众旅游需求，运用技术、人才、资金等要素，全面推进创新实践。学术界应密切关注本土企业的成长，为企业的创新发展提供必要、及时的理论和技术指导。政府、企业、学界三者的完美结合共同推动我国旅游业的创新发展，将旅游业逐步建成现代旅游服务业。

### （一）政府：关注市场主体，加强投资引导，营造更加宽松的创新环境

政府部门应充分认识到，能够为国民大众提供旅行福祉的都是旅游市场创新的主体，要放松进入监管，关注并寻找市场主体，并为他们的发展创造更加宽松的发展环境。利用政府的公信力、大平台，为中国的旅游创新企业提供条件，积极鼓励旅游企业的创新发展。不仅在旅游企业创新成功时为其欢呼，也要对创新失败的企业予以鼓励，宽容其失败，与企业共成长，共患难。要在与企业的共同成长中，通过环境的营造、制度的构建、市场机制的发挥，逐步树立起政府的领导力、公信力、影响力。

1. 转变管理理念，放松进入监管，充分发挥市场机制在资源配置中的决定作用

旅游行政主管部门要转变管理理念，让资源配置过程中"行政的归行政，市场的归市场"，向服务型机构转变，重点做好旅游产业发展的统筹协调工作。不过度干涉市场运行，不干预企业正常的经营活动。做好旅游企业的服务工作，为旅游企业发展营造更加宽松的创新环境，对企业创新性活动提供便利。

放松进入监管，为旅游企业创新营造更加宽松的发展环境。改变以准入监管统筹行业管理的理念，适度放宽对企业进入市场，尤其是新兴市场的监管，对创新性企业实行先发展、后规范的管理思路。允许各种有利于满足游客合理需求的服务性企业进入旅游行业，减少不必要的进入门槛和审批制度，为具有创新性的旅游企业提供协助。提高行政管理部门的办事效率，缩短审批周期，为旅游企业创新赢得最佳商机。将新业态发展纳入国家、地方旅游产业和现代服务业的中长期发展规划，在更高层面上认可新业态的发展成就，支持面向国民大众旅游和旅行需求的业态创新，积极引导国际国内的社会资本和人力资源

投入到新业态发展中来。

要以机制体制创新为突破口加快市场化进程。积极探索市场认可的服务手段，不断拓展旅游管理和服务空间，通过良好的服务，提高管理权威和行业凝聚力。更加注重发挥市场在配置资源中的基础性作用，推动服务型旅游管理部门的建设，进一步降低旅游业务准入门槛，鼓励各种资本进入旅游领域，推动旅游企业经营体制面向现代资本运作方式和产业组织方式的改革。

以市场化为导向，进一步加大旅游行业的开放力度。以十八届三中全会关于全面深化改革的基本思路和"重在制度创新、重在改革开放"的政策取向，通过进一步加大旅游行业开放力度倒逼传统旅游企业创新产品体系，提高服务质量。应紧抓新一轮改革开放的契机，加快旅行社产业向广义旅行服务业拓展，重点做好推动旅行社行业格局从寡头向竞争转化、产业融合与集团化、在线与传统旅行社的双向融合、代理制垂直分工体系和移动互联业态发展，支持会展机构、网站、俱乐部等旅行服务经营实体。

加强现代商业伦理建设。规范和优化市场秩序，建立基于供需双方的双向信用体系；合理利用能源、资源，实施旅游企业节能减排工程，加强旅游资源保护；倡导低碳旅游方式，大力倡导健康旅游、文明旅游、绿色旅游，建设符合当代人及未来人类发展的商业伦理，实现旅游业可持续发展。

2. 深化改革，加快培育产业和企业主体

以产业融合为核心提升旅游业全面服务于现代生产生活的能力。积极从相关行业寻求支撑，创新商业模式，拓展产业价值链，推进旅游业与文化、体育、农业、商贸、金融、房地产、物流、装备制造等产业的融合发展，扩展产业边界，使更多的人从中受益。

加大对旅游服务提供者的指导和对优秀企业的支持。加快旅游服务的创新步伐，使旅游业的服务创新与产品创新协同发展。大力支持携程、去哪儿、艺龙和途牛等新业态和优秀民营企业的发展，用业态和服务模式创新来解决游客满意度提升涉及的体制改革等深层次问题。借鉴2010年上半年航空业"用户满意度测评"的工作经验，指导旅游各行业、各企业层面的满意度调研工作。

深化改革，加快培育市场主体。加快行业协会改革，按照国务院41号文件的要求，2014年底前要基本实现"各级各类旅游行业协会的人员和财务关系与旅游行政管理等部门脱钩"的改革目标。加快培育各类市场中介组织。提高社区居民参与旅游业的程度，促进当地居民分享旅游业发展成果。支持民营旅企业发展，支持有实力的企业品牌化、集团化、国际化发展，加快培育一批有活力和竞争力的市场主体。

系统创新提升旅游业的现代化水平。推进智慧旅游城市、智慧旅游景区、智慧旅游企业建设，加大旅游业的科技创新和人才培养力度，鼓励运用现代商业模式和信息技术改造传统旅游业。鼓励基于市场需求的旅游产品和新业态发展，着重做好服务和引导工作，适时发布旅游产业引导目录。启动旅游发展理论体系建设工程，加大调查研究力度，增强理论服务社会的能力。完善以游客满意度为目的的评价体系，尊重基层和群众的首创精神，充分激发地方的创新动力。

关注民营经济发展，积极引导民营企业的商业创新。旅游主管部门加强对民营企业的实地调研，密切关注民营企业在发展中所面临的政策性障碍以及运营中存在的问题，以更加包容、开放的姿态为民营企业提供服务，切实解决民营企业发展中存在的制度性、政策性障碍。积极鼓励民营企业立足大众旅游消费需求，依托其灵活的运营机制，运用现代科技，开展商业研发和自主创新，培育旅游新业态。

3. 加强投资支持，将资金引导到国民旅游最需要的关键环节

在国民大众旅游阶段，政府应逐步放松管制，将财政资金投向旅游基础设施和公共服务建设，为旅游目的地的旅游业发展提供良好的硬件环境。同时，积极引导社会资本和风险投资者着眼于国民大众的旅游休闲需求，与创业者和商业实践的创新者一道培育更多的旅游业态。在散客化和自由行时代，要引导资本围绕游客出行的各个环节所需的产品和服务，进行针对性的开发。围绕游客出发前对目的地信息的收集、整理和决策，游客在目的地期间的生活和游览方式，游客在客源地、中转地和目的地之间的交通方式，以及游客返回客源地后的旅行反馈和评价，进行创业、创新和投资。政府和社会中介要在投资机构和创业创新者之间搭建信息沟通渠道和直接交流平台，让投资主体特别是风险投资者和产业基金与充满生机与活力的创业创新者深度融合，这样才能够将资金引导到国民旅游最需要的关键环节，在基于移动互联网的旅行服务、消费点评、汽车租赁、精品酒店、旅游购物和娱乐产品开发等旅游衍生消费领域培育出新的商业形态，以满足国民大众不断增长且日渐变化的旅游休闲需求。

4. 鼓励旅游企业的技术开发与应用

以旅游信息化建设为基础强化旅游业发展的科技支撑。制定旅游业科技政

策,支持旅游企业自主创新和信息化改造,以信息技术为基础推进旅游产业要素提升;加快旅游科研教育事业的发展,促进旅游科研成果的转化;进一步提升旅游经营者和从业人员素质。

积极促进旅游企业的信息化与电子商务建设。提供必要的政府公共平台支持,将旅行社在线企业纳入规范和管理的范畴,对新型业态的在线旅行社进行扶持和引导。鼓励旅游企业采用基于信息技术的战略管理、预订、购买、顾客关系管理,及电子商务等各种新技术。鼓励企业练好内功,提升旅游企业的技术含量和智能化水平,特别是要加强互联网技术等手段的运用,提高旅游运营效益。加强网络征信机制的建立和等级标准建设,鼓励以网络技术运用为特征的第三方平台、网络旅游运营商等新兴旅游业态的发展。

**(二)企业:关注国民大众核心诉求,重视人才要素和科技应用,将创新植根于百姓旅行需求**

企业是旅游创新的重要主体,无论是传统旅游企业还是新业态,企业创新应在认清国民大众旅游发展阶段的基础上,牢牢把握国民大众旅游的核心诉求,充分运用新技术、新方法、新管理模式,充分发挥优秀人才在创新中的重要作用,推动企业的创新发展。

1. 围绕百姓核心旅游需求,加强技术应用和产品、业态创新

传统旅游企业的创新发展,既不能照搬照抄国外企业的洋路子,也不能走过去的老路子,一定要紧紧抓住国民大众核心的旅游需求,积极创新改革,打造更加符合百姓消费能力、旅游诉求的新产品、新服务业和新业态。新业态虽然凭借商业模式、技术等创新优势赢得了市场,但要冷静面对市场形势,没有永远不变的优势,只有时刻把企业创新、发展的立足点放在老百姓的核心旅游需求上,才能保持新业态的可持续发展。

充分重视技术在推动产业发展、产品创新和业态创新方面的重要作用,积极加强技术应用,不断推动新产品、新业态的出现。技术是中性的,无论是传统旅游企业,还是旅游新业态,都可以拿来使用。网络技术、移动终端、通信技术等,一切有助于提升旅游品质,有助于新产品出现,有助于新业态发展的技术都应为企业所用,充分实现技术与旅游业的深度融合,将企业的创新发展推到新的高度和深度。

2. 关注科技应用中的科技伦理和商业伦理

随着科技的进步并广泛应用于旅游业,旅游企业也应关注科技伦理和商业

伦理问题。科技应用的目的是更好地提升百姓旅游的福祉，但在提升旅游品质的同时，不应超越伦理界限，不能泄露消费者的隐私，要将企业的科技应用控制在合乎商业和科技伦理的范畴之内，切实保护旅游消费者的权益。

3．更加重视人才在企业创新中的作用，培育创业型企业家群体

企业创新的实施，最终是靠人来推动的。过去一些传统旅游业态对个人价值不够重视，影响了企业员工的个人积极性、主动性的发挥。随着科技的进步，人才的重要性也日益彰显，现代服务业的发展对人才的要求尤其迫切，企业要在新的形势下，加强人才队伍的建设，依靠科学的制度、宽松的环境，形成良好的引人、育人、留人机制，为企业员工创造良好的个人才智发挥的空间。思路决定未来，人才决定发展。在科技创新背景下，一批创业型企业家群体开始涌现，他们善于应用科技，能够引领未来产业发展，他们的智慧和创新意识推动了一批新业态的出现，同时也推动了传统业态产品、服务、管理模式的创新。

### （三）学术界：立足于产业发展的现实问题，密切关注本土企业成长，以学术研究成果推动产业进步

学术界是旅游产业创新发展中的重要力量，也是产学研合作的重要组成部分。在创新发展的背景下，学术界应转变传统的象牙塔思维，要将研究的触角和视角与产业界的实践紧密结合起来，不断以学术研究成果推动产业进步。

1．关注本土企业，与他们一起成长

学术界应密切跟踪本土企业，与企业家做朋友，与企业在一起，才能发现他们的变化和成长。关注创新型、创业型企业和企业家，跟踪企业发展过程中碰到的问题和困局，以学术研究为企业发展提供智力支持，帮助企业一起成长、壮大。要为中国企业和企业家说话，做他们的学术代言人，利用研究人员的学术影响力和行业影响力为企业家呐喊，并在国际性会议、论坛、活动上发出他们的声音。

2．以学术思想引领技术和产业发展

密切关注产业界发生的现实问题，以学术研究紧密跟踪产业发展，以更高的站位、更具远见的判断为产业和企业发展指引方向。以学术思想引领技术，让技术为产业发展所用，切实提高技术在产业发展中的作用。以学术思想引领产业发展，做产业创新发展的领路人。

# 第二编
## 中国旅游发展论坛专文

# 中国科学技术与产业发展

中国科学技术发展战略研究院  高志前

各位上午好！下面我想简要地向各位报告一下中国科学技术发展和产业发展情况，并且谈一下自己对自主创新的理解和认识。

## 一、中国科学技术的发展

### （一）中国科技发展基础

首先谈一下中国科学技术的发展，实际上今天我们讲科技的发展主要是讲科技创新，中国把科技创新作为一项战略提出来是在2006年，在国家中长期科学和技术发展规划正式提出来，当然实际上我们从2001年中国入世之后就已经考虑这个问题了，当时在中长期科技发展规划方案中有两点是值得关注的：第一，提出了自主创新战略；第二，是把建设创新型国家作为中国发展的目标。这样的一个战略受到了国际上的高度关注，当然也听到了一些不同的声音，国际上在关注中国经过了20多年的改革开放发展之后的创新道路究竟怎样走，实际上我们现在已经看到了中国自主创新高度国际化，从理论、政策到方法，是基本上参照发达国家已经走过的创新道路，当然我们现在提出了中国要走自主创新的道路，要走有中国特色的创新道路，经过了一个五年计划之后，我们在2012年提出了进一步深化科技体制改革，加快国家创新体系建设的这样一个意见。更加明确了把自主创新的战略和实施集中到建设国家创新体系上面来，国家创新体系究竟怎样建设，内容虽然有很多，但是聚焦到一个根本点上就是要把企业作为创新主体。所以2013年国务院办公厅专门发了关于强化企业技术创新主体地位，全面提升企业创新能力的意见。以上的内容为十八大正式提出创新驱动发展战略奠定了坚实的基础。

经过几十年的发展中国的科学技术应该说有了较好的基础,到 2012 年全社会的研究开发经费已经突破 1 万亿元,就是说已经达到了世界第二大的水平。研发经费的投入强度为 1.98%,接近 2% 的水平。主要发达国家的研发投入经费都在 2% 以上,也就是说我们已经接近发达国家的水平了。按汇率计算中国研发经费的投入总量已经位居世界第三,我们科技人员总量为 6200 万人,科技人力资源总量和研发人员数量世界第一。在这样的一个背景下我们再来看中国的科技体系建设的情况。这些年来我们主要是从国家创新的角度进行创新体系的建设(见图 2-1),建设国家重点实验室、国家工程技术中心、生产力促进中心、科技企业孵化器、国家大学科技园、技术转移示范机构等,这些基地的建设为中国自主创新战略实施打下了良好的基础。

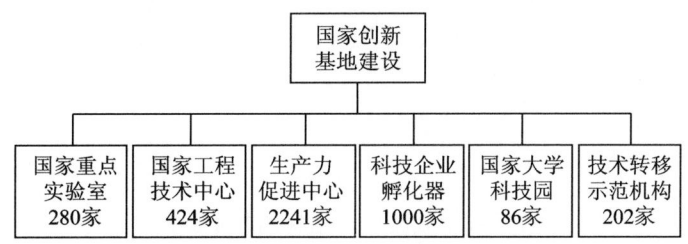

图 2-1 国家创新基地建设体系

### (二) 中国专利发展概况

科技发展指标就是专利的产出,2012 年我们受理三种专利申请达到 205 万件,成为世界第一大专利申请国。我们发明专利也有进一步提高,2012 年发明专利授权量达 21.7 万件。现在实际上我们衡量专利的水平不再用发明专利的比重,而是更加关注有效发明的专利,就是有能力、有资格留在知识产权领域的专利。到 2012 年底,国内有效专利的拥有量已经达到了 43.5 万件。另外一个指标是写进中长期科技发展规划和"十二五"规划当中的,就是每万人口发明专利拥有量,2012 年已经达到 3.2 件,这个指标已经接近"十二五"规划纲要的目标(3.3 件)。

目前大家都在议论究竟怎样看中国迅速增长的专利数量?我们认为专利数量的增长这个是有目共睹的,关键它是否意味着中国专利质量的提高,我们看中国专利从结构上有五个重大的突破(见图 2-2),这标志着中国专利质量的稳步提升。1996 年我们企业专利申请量首次超过大专院校、科研机构,这个看起来是不言而喻的。但是实际上在1996年之前我们企业的专利数量是比较少的，主要依靠大学和科研机构。2013年国内发明专利的申请量超过了国外的申请量，2004年发明专利受理数超过实用新型，2009年国内发明专利申请授权数超过了国外，2011年我们又跨了一步，国内有效发明专利拥有量首次超过国外。

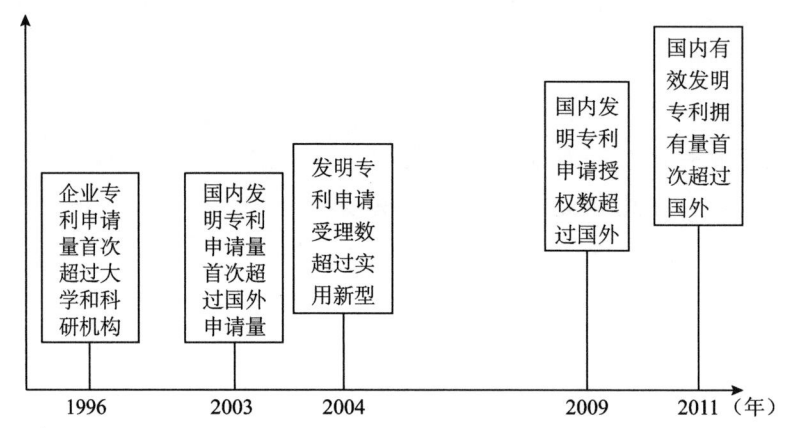

图2-2 我国专利结构的5个突破

中国的专利技术质量不断提高，但与发达国家专利还有差距。发达国家的专利和我们相比有四个优势：

（1）质量优势。发明专利多、基础专利多、有效专利多，从发明专利数量重点要看基础专利和有效专利。

（2）布局优势。我们现在开始关注发达国家对专利的布局，我们专利很少考虑布局，特别是大学科研院所的专利大多数是随意的，企业有的时候会考虑布局，但很少考虑到长远的布局和纵深的布局，国外的布局意识很强、布局时间早、战略布局多。

（3）产业链优势。这个是大家清楚的，中国的产业基本上布局在产业的下游，就是说我们的加工装配，而国外的布局主要集中在产业的上游研发和关键零部件方面。

（4）协同优势。发达国家在专利实施方面具有协同优势。典型的是跨国公司之间形成国际专利联盟，当然这种专利合作实际上也是国际上通行的，只不过如果你想跟大公司形成专利联盟必须拥有相应的力量和优势。

### (三) 中国的创新发展情况

从技术市场的合同来看,中国技术市场的技术交易额提高很快,但是我们从单向交易额的水平来看,可以从一个侧面反映我们技术水平的差距。2011 年我们的内资企业单向合同交易额 222 万元,跟港澳台(223 万元)的水平差不多,外资企业是 540 万元,这个水平是中国内资企业的 2.4 倍,而境外企业在中国市场上的交易额是 1692 万元,是内资企业的 7.6 倍,就是他们的交易额都是大项目,大项目意味着技术水平比较高,而且有系统性的技术。

从国家创新指数的角度看中国技术水平的发展,这个创新指数是我们根据科技部的要求,参照国际上的创新指标建立的,这个以 2005 年为一个基点,可以看到到 2011 年是逐步提升的。如果以 2001 年为比较基准,那么 2001 年的水平在全世界 40 个创新型国家中居第 37 位,到 2011 年我们提升到了第 20 位。中国创新指数的提升更多靠创新资源的投入和知识创造,就是论文专利这一类的,而更接近于产业化的企业创新和创新绩效方面我们提升得比较慢,特别是创新环境的改善贡献率更低。

表 2-1 国家创新指数一级指标情况

| | 综合 | 创新资源 | 知识创造 | 企业创新 | 创新绩效 | 创新环境 |
|---|---|---|---|---|---|---|
| 2005 年 | 100 | 100 | 100 | 100 | 100 | 100 |
| 2011 年 | 188 | 210 | 262 | 174 | 186 | 109 |
| 增长 | 88 | 110 | 162 | 74 | 86 | 9 |
| 贡献率(%) | 100 | 24.9 | 36.7 | 16.8 | 19.6 | 2 |

中国的创新和中国的经济发展一样有一个很有意思的现象,就是说高度的不平衡。我们在看中国总量指标时往往是世界位居前列的,但是人均指标或者技术指标往往非常落后,我们看这个二级指标创新资源即有位居世界第三位,也有位居世界 37 位几乎垫底,知识创造同样,发明专利的授权书位居世界第二,但是我们每万研发人员的科技论文数也是 39 位,在企业创新和创新绩效方面我们同样看到了这样显著的差别。

从创新环境看,我国创新环境的大多数指标都在 20 位之后,少数的位居 10 位之前,总体来看中国的创新环境有较大的改善和提升空间。今天的自主创新可以说重点有三个方面：第一，加强协同创新。这一点我们在媒体报刊上面已经看得比较多了，所谓协同创新就是产学研的合作和政府各个部门之间的合作，以及政府地方行业和企业之间的合作。第二，绿色创新。也就是说要考虑到行业，考虑到安全等因素。第三，包容性创新。包容性创新主要是国外提出的，更加强调创新要使全社会所有人受益，特别是比较贫困、收入比较低的人，也要从中受惠，所以创新的重点是提升低收入人群的收入，这一点对于发展中国家的创新来说非常重要。

从协同创新的角度看，国家科技主管部门实际上从 2000 年就开始实施科技兴贸战略，和当时的外经贸部联合全国十个主要的经济部门共同实施科技兴贸，那个时候取得了明显效果，并且受得了吴仪副总理的高度赞赏。后来跟国家发改委、财政部等部门共同实施企业创新工程，实施自主创新能力建设，和国家质监总局实施技术标准战略，和国家银行财政部门实施科技金融，以及和教育部实施科教结合战略，和地方实施省部规章战略，这些做法有效地推动了国家协同创新战略的实施。

自主创新战略实施时，我们认为是创新管理、创新体制的问题，今天我们已经越来越明显地看到，创新更取决于创新能力的提升，特别是创新人才的培育，创新最后的竞争实际上是创新文化的竞争、创新文化的建设，这一点是高端创新所必须关注的。

## 二、我国产业发展与创新

### （一）传统产业面临转型升级

大家知道传统产业正面临着转型升级，从以下方面我们都可以看到，中国传统产业的转型升级实际上是面临着困境的，处于一个不太合适发展的阶段，就是说这个产业进入高成本时代，劳动力成本提升，原材料和能源成本提升，环保成本进来后技术改造成本提升，世界经济又进入知识经济时代，技术发展非常快，同时我们进入人口高峰期，人口红利消失了。

当然，我们的市场体系还不完善，我们的经济转型尚未完成，这些都使传统产业的转型升级面临着诸多的困难，当然我们传统产业的转型升级又必须明确我们依靠的重点，就是说不能再依靠国际金融危机背景下出口这一种拉动作用，我们也不能持续地依靠国家和地方政府的大量投资，这个在危机时期是可以容忍的，但正常发展时期我们必须转向内需。

### (二) 高新技术产业有待提高原始创新能力

高新技术产业在国际上的通用指标叫作高技术产业，高技术产业方面，首先我们建设了 105 个高新区，现在 10 多万亿元的产值，工业总产值占全国的 13%，当然高新区的产值比重并不重要，重要的是高新区对全国高技术产业和传统经济发展的一种辐射和带动作用。全国高技术产业的总产值已经超过了 10 万亿元，高技术产品的出口额超过了六千亿美元，占外贸出口的 29.3%。

虽然我们的高技术产业发展很快，但是同中国整个产业的特征一样，中国是世界工厂，也就是说我们为主要发达国家加工，在高新技术产品的出口当中加工贸易长期占 70% 以上，外资企业出口长期占 80% 左右，这样的一个布局也从一个角度反映了我们自主创新存在问题。

### (三) 战略性新兴产业处于成长关键期

最近几年我们实施战略性新兴产业，战略性新兴产业实际上不仅是中国，而且是几乎所有发达国家都已经进行布局并且由政府大力推行。这个产业在国际上仍然处于一个成长的关键期，所谓成长的关键期就是它的成本比较高，还没有大量地进入市场，对于中国来说还缺乏关键技术和知识产权，商业模式还不成熟，技术标准尚不确定。所以，在这样一个背景下大量的政府投资实际上风险很大，如何让政府的投资有效地促进战略性新兴产业的发展是一个有待深入研究的问题。

这里我想简要讲一下产能过剩的问题，产能过剩在传统产业中非常突出，国家发改委长期以来都在研究如何限制传统产业产能过剩的问题，现在我们看到这个问题实际上在中国的高技术产业中同样存在。产能过剩实际上是市场竞争机制作用的一个前提，问题不在于过剩而在于过剩的原因和过剩的范围，如果说过剩的过多而且长期过剩那么恐怕就是一个问题了。主要产能过剩的因素恐怕有市场信号的时间问题、投资者的非理性投资行为问题，以及市场资源优化重组机制时效等问题。我们把产能过剩做了一个分析（见表 2-2），第一是统计性的过剩。中国每年做规划，很多规划数字很高但是实际上落实不多，所以往往规划上看到的过剩并不是真正的过剩。实际上的过剩主要是后面三个方面。第二是结构性的过剩。结构性过剩就是我们的低端产品往往过剩，高端产品供不应求，实际上根本自己不能生产。第三是竞争性的过剩。竞争性过剩是由于过度竞争造成的产品供给远大于需求。第四类是体制性的过剩。这种过剩往往是由于政府投资和地方保护所形成的投资过热,这种过剩的产能很难消除,我们的产业政策、能源政策、反垄断政策也往往不协调,这些因素总归为体制性过剩。今天我们解决产能过剩的问题恐怕并不是一般地限制这个产能的问题,而是解决体制性的原因。

表2-2 我国产能过剩的四种类型

| | 产能过剩类型 | 主要表现及形成机制 |
|---|---|---|
| 1 | 统计性过剩 | 部分规划产能不能实现,造成实际产能差异 |
| 2 | 结构性过剩 | 创新能力低造成高端产品供给不足,低端产品供给过剩 |
| 3 | 竞争性过剩 | 过度竞争造成部分产品供给远大于需求 |
| 4 | 体制性过剩 | 政府投资和地方保护使投资过热,过剩产能难以消除;产业政策、能源政策、反垄断政策不协调 |

从上面我们已经看到了,中国的经济发展自主创新对于政府来说至关重要。十八大提出要加快政府职能的转变,要进一步促进职能转变使市场机制发挥决定性的作用,所以政府的职能要从关注和支持产业的发展,特别是产业末端的发展、产业化的发展,要转向规范市场的竞争秩序,要促进需求引导创新。过去我们从供给端促进创新,支持企业,而现在我们更多考虑了国外的经验,我们支持需求,支持消费者从消费端、从需求端来促进创新。最后是支持中小企业的创新和中小企业的发展。

## 三、科学认识与发展旅游

### (一) 旅游与科技创新

旅游涉及的方面很多,可以说产业链非常长,既有旅游服务也有旅游产品的制造,既有人才培育的问题,也有品牌的创造问题,可以说方方面面都离不开科技创新,很多问题的解决甚至可以说主要依靠科技创新。旅游是人们满足了基本需求之后的一种经常化的消费需求,可以看作小康社会的生活方式,更准确更实在地说,旅游消费是一种小康指数。

### (二) 旅游与社会

从社会的角度看,旅游即产业,也是服务业,更是一种教育产业,是一种快乐的产业。旅游是创造快乐与健康，促进人与自然和谐、社会和谐的产业。生活中，旅游的社会效率恐怕往往被人们忽视，人们更多的关注旅游的经济效果。

### （三）旅游与环境

从环境的角度看，购物只是旅游的初级阶段，中国现在的消费者拿着现金全球购物，真正的享受快乐与健康、认识自然、认识社会、认识人生、认识自我才是旅游的高级阶段，就像现在的发达国家很多旅游者做到的那样。所以我们看到真正的自然环境历史文化遗产，人文景观才是旅游的真正自由。我们现在面临着第一拨经济的发展，毁掉了一批自然环境和历史文化遗产，现在城镇化会不会造成同样的效应，这个是旅游界和国家经济社会管理部门需要高度关注的。

### （四）旅游与文明

旅游者是消费者，更是文明的传播者、和平的使者、旅游工作者、环保者、科普宣传者、社会和谐的使者。

旅游产业的发展使我们全面地认识到评价指标应该向社会的价值、社会的核心方面倾斜，我们要进行科学的规划，我们依靠创新驱动、规范旅游产业的竞争秩序。

最后希望旅游产业成为中国创新链上一颗璀璨的明珠，愿旅游者带着中国梦走向世界！

谢谢！

# 科技创新与迪士尼乐园的发展

上海迪士尼度假区公司园区运营副总裁　Andrew A Bolstein

大家早上好！我非常感谢大家今天可以来参与今天的论坛，我代表迪士尼，以及上海迪士尼度假区欢迎大家。刚刚听到我们论坛的一些嘉宾已经谈到了关于科技创新在旅游休闲产业中的发展，等一下跟大家分享迪士尼乐园和度假区对旅游产业发展的一些想法。迪士尼品牌的一个承诺就是用与众不同的娱乐触及心灵，这是遍布电视、电影以及所有乐园度假区的共同元素。华特迪士尼公司成立90周年了，华特迪士尼公司一直致力于技术的创新，并且在全球将高新技术应用于乐园度假区的发展当中，用我们一贯秉承的方法和技术来发展乐园和度假区。华特迪士尼公司已经走过了90个年头，迪士尼的乐园度假区已经走过60个年头。第一家迪士尼乐园在美国加州，香港是2005年开业，我们非常乐意看到2015年上海迪士尼乐园的开业。上海迪士尼度假区是全球第六个度假区，也是第十二个主题乐园，今天跟大家分享一下我们如何将科技创新运用到全球迪士尼度假区的发展中。

谈到一个成功的度假区，它其实应该是一个综合的度假区，这是我们成功的要素之一。游客不仅可体验主题乐园，也可以在综合度假区中度过很多天，可以住在度假区中的酒店，可以享受零售、餐饮、娱乐，在度假区里面体验购物以及其他的高尔夫或者运动休闲的一些项目。当然，在所有的旅游度假区中也秉承我们迪士尼品牌的一贯承诺，就是将故事讲述和主题化人物融入项目当中，在主题乐园中我们可以创造很多的不同，当然第一个就是创造优质的娱乐、品质的娱乐，我们的故事讲述要营造沉静的环境，要让我们科技运用其中，不着痕迹，让游客身在其中却并未发现技术的存在。迪士尼主题乐园所推崇的就是乐观、欢乐这样的主题，是希望所有来度假区游览的游客可以把自己的烦恼放在身后，尽情享受在乐园中的每一个时刻。

创新也是我们成功要素当中的一个重要组成部分，这个也是我们的总裁以及 CEO 罗伯特·艾格先生对创新技术的强调，我们首先在商店推出一系列的应用软件，同时在电影方面的发展，以及我们整个华特迪士尼的幻想工程，有专门的部门致力于技术创新。

所有这些元素我们希望呈现出来的一个结果就是引发所有游客的赞叹，这也是游客再度来到华特迪士尼主题乐园游览的一个关键。在打造这个优质娱乐、品质娱乐的关键部分时，我们必须非常了解本地游客和本地消费者的需求，所以在全球的一个统一的时间，我们要开展大量深入的市场调研以及消费者调研，了解消费者究竟需要什么类型的娱乐体验。

大家在这里看到的一些图片，就是我们在上海迪士尼度假区进行的一些本地市场调研，我们是对中国的学者包括教育界的人士以及未来的一些潜在游客进行调研，当然也包括与我们今天所有在座的旅游行业人士的接触，了解我们上海迪士尼度假区要呈现给游客怎样的产品。这些调研小组是通过定量和定性化调研和分析，以及网上社区推出的了解消费者具体需求的调查，当然我们也用技术呈现一些虚拟化的前期设计，希望我们在真正建设这个乐园之前了解消费者到底需要的是什么样的产品。我们会跟本地专家包括学者，包括专家评审组有一些合作，这可以极大地帮助我们了解本地的一些实践和做法，这个方法贯穿在我们进行的食品、商品、门票等一些策略当中。我们本地的建设也要跟设计师进行合作，真正了解我们提供给本地消费者的产品是否符合他们的要求。

下面就跟大家举一些我们在全球乐园和度假区当中所引用的技术创新，所带给游客体验的一些案例。我们将模拟软件和 3D 技术相结合进行城堡设计的创新，利用视角化的技术可以呈现给我们城堡的虚拟形态。我们在设计阶段可以了解游客真正走进这座城堡时，所看到的景象。在设计阶段之后，解决我们的施工阶段出现的问题，施工阶段我们利用建筑信息模型追踪整个施工的进展，确保我们的施工现场不会引发任何冲突。这个视频展示的是我们如何利用建筑信息模型追踪我们的工期，以及与我们现在的工期进行对比。从这个视频可以看到建设城堡的过程也是一个相对简单的过程。这里是景点设计的案例，左边看到的是香港迪士尼乐园酒店，右边是华特一个星级乐园翱翔的景点。我们的重中之重就是确保我们的故事讲述在游客的心中引发感觉，之后就是用技术强化这种感觉。

在翱翔这个景点我们也是利用拍摄加州的整个全景，利用技术工程使游客坐在这个设备上面可以在升降模拟中实景体验这种感觉；幸会"史迪仔"的景点就是互动式的角色交流，这个在这里就是比较成功的案例。这里是我们在一天结束时的一个重头戏，就是大型夜间实景表演，在之前的几十年里，我们的度假区乐园中使用一种传统的焰火表演，最近我们加入了一些最新的技术，包括激光、投影、水幕还有其他的辅助元素，真正呈现大型夜间实景表演的魅力。左面的是巴黎迪士尼乐园的梦想秀。在我们的梦想秀中以城堡为背景，所有的元素投射到城堡上面，体现它整个奇幻的内容。右边是我们迪士尼加州探险乐园的色彩世界，也是利用水幕技术将色彩进行贯通，并呈现在整个表演中。这两个演出现在也是大获成功，这个表演也受到了游客一致的喜爱，这种实景表演有个好处，我们可以根据不同的季节和节假日不同的主题更换内容，这个最容易做到与时俱进。当然在我们的所有业务当中，公司的整体协同也是非常重要的，比如说我们有新的电影和新的故事推出，我们就可以把新的电影和故事内容融入大型表演当中，使它整个成为一个综合化的演出。

接下来会看到在上海迪士尼度假区，我们如何使用技术来丰富度假区的旅游体验。根据我在主题乐园十五年的工作经验，我们想下一步的趋势就是技术创新方面。这里是我们上海迪士尼度假区的一个规划图，大家看到彩色部分是我们一期主题乐园，共3.9平方公里；白色部分是二、三期工程，占地3.1平方公里，二、三期全部建完之后，我们整个度假区拥有7平方公里的规模。中心是我们的上海迪士尼主题乐园，在主题乐园的旁边是我们占地约4.6万平方米的零售餐饮娱乐区，两边是两家酒店，酒店的客房数一共有1200间，同时我们还有中心湖泊，占地大约100公顷。我们有一个公共交通枢纽的连接段，右边是我们的地铁，与上海的11号线贯通，还有我们的公共交通枢纽部分，这里有公共汽车、出租车等所有的配套设施。

跟大家展示一下我们迪士尼度假区的基本数据。我们现在看到的目标人口大概是3.3亿游客，是在三个小时交通圈以内的人群。在我们度假区的整体建设设计规划中，我们希望在产品交付中，还有故事讲述中都能够真正体现原汁原味的迪士尼和独一无二的中国风。在这样的理念指导下，首先就是我们与本地伙伴的合作，我们不仅有华特迪士尼公司和上海的一个集团合作成立的企业，同时还与政府的相关机构，以及旅游行业所有的业界人士保持紧密的合作关系。在景点表演中主要体现我们原汁原味的迪士尼，而且根据我们对消费者的一些调研，他们希望看到原汁原味的一些特色景点。迪士尼这个品牌其实也是国际化的品牌，我们在产品交付时也聘用了很多的中国设计师、表演家以及制作人，参与到我们的景点表演和设计中。节庆活动时也是主题乐园中的一个比较重要的元素，不仅会有中国的一些节庆，比如说春节、中秋节、端午节的庆祝，还有国际化的节日，如圣诞节、万圣节的庆祝活动。

在进行餐饮食品方面的调研中，我们了解到消费者更倾向于中式的口味，但是整个食品开发、餐饮的开发中我们希望做到多元化，总体是以亚洲口味为主，比如说东南亚、日本的风味。在商品的销售部分，我们也会把一些全球畅销的产品带到上海，当然也会根据上海本地的一些调研，开发相应的一些产品。如何做到原汁原味的迪士尼和独一无二的中国风的融合，关键靠我们的员工，我们的演职人员。我们在本地招聘大量的本地人员进行表演、维修、维护以及景点的运营，所有这些人都会用本地的文化跟游客互动。

在语言方面，我们采用了双语，当然以汉语为主，英文为辅。这里体现的是我们的技术创新，在我们已经发布的奇想花园效果图中已有体现，我们把我们的技术运用到夜间的 LED 灯光中，可以做灯光秀，并且使用焰火呈现夜间的迪士尼。现在展示的是我们目前施工现场的状态，我们距离 2015 年底开业还有两年的时间，现在已经陆续筹办的，地上建筑的建设已经开始了，在我们走到现场的时候，可能看到不断竖立起来的钢结构，我们现场每一天走访时都会感觉到我们两年之后可以呈现出来的是一个什么样的迪士尼度假区。在这个中心部分是我们的湖泊，湖泊上方是主题乐园，主题乐园这边可以看到道路设施和公用设备已经基本成形了。

如果一切进行顺利，这将是我们 2015 年底可以看到的迪士尼乐园的一个面貌，非常荣幸今天可以代表上海迪士尼度假区跟大家在这里做这个演讲，希望我们未来可以跟业界的同人合作，真正实现游客所期望看到的上海迪士尼度假区。

谢谢！

# 新技术与产品研发

去哪儿网 CTO 吴永强

大家上午好！我今天的演讲分为三部分，第一部分大概介绍去哪儿网的情况，第二部分讲一下我对目前信息技术挑战的一些想法。第三部分我会讲一个案例。

## 一、去哪儿网简介

去哪儿网首先是一家网站，我们的生意是基于互联网开展的；另外，去哪儿网是一家以信息技术为核心的技术公司。公司最早开始的时候，我们的工程师大概占到70%到80%。目前我们是全球最大的中文旅行平台，我们成立于2005年，我们现在的员工两千人左右，我本人负责的这个研发团队大概是一千人左右。现在我们能够搜索到的旅游产品是非常丰富的，我们大概可以搜索到一千多家的旅游供应商网站，我们同时可以覆盖所有的国际和国内机票的航线。我们从前年开始推广酒店业务，我们目前全球搜索到46万多家酒店，同时我们也开展度假景点的业务。大家看图2-3，是包括去哪儿网在内的部分旅游电商的月度访问人次，每个月大概吸引七千多万人访问我们的网站。从成立到现在，去哪儿网产品的形势发生了很大的变化，这主要得益于中国经济的快速发展，以及旅游业在中国的发展。我觉得在中国，互联网公司在各个行业都拥有一些独特的机会。

2005年，去哪儿网成立时，我们的初始产品是以旅游搜索为概念的，主要是做比价，我们2006年发布的产品就是机票搜索，后来逐渐有了酒店搜索，各种垂直类的搜索，到2010年我们开始进入两个主要的领域，一个是移动端，我们是最早在旅游行业做无线APP的，我们当时主要在诺基亚上面做。另外的一个是社交部分,那时我们做了点评的平台,是用户上传图片等的应用。到2011年,我们开始进入旅游业的平台,我们把自己变成了平台的角色。这样我们也进入了很多的新技术领域,比如说支付、交易这些不同方面。

图2-4是我们的发展历程,从中可以看到我们的产品,每一个时间段都跟国外的网站有相应的匹配,目前我们的一些做法像国外的opentable,形态上很相似,但内容还是有区别的。美国的互联网还是更多的以渠道形式出现,我们把自己定位为平台,我们是连接消费者和产品供应商之间的主要通道,我们可以吸引到大量的旅游者来访,我们使他们搜索到合适的产品,或者向他推荐合适的产品,用户可以反馈对旅游产品的评价,同时我们向供应方提供很多数据管理、库存管理等信息,并帮他们在各个渠道上销售产品,我们现在主要的交易来源分为两类,一是大家比较熟悉的以浏览器为接入手段的PC端的接入,另外一部分在手机上面,手机上面的交易增长速度最快。我1996年开始做互联网业务,手机交易的增长速度是我从业这十几年以来最惊人的,一年大概可以增长500%~600%。

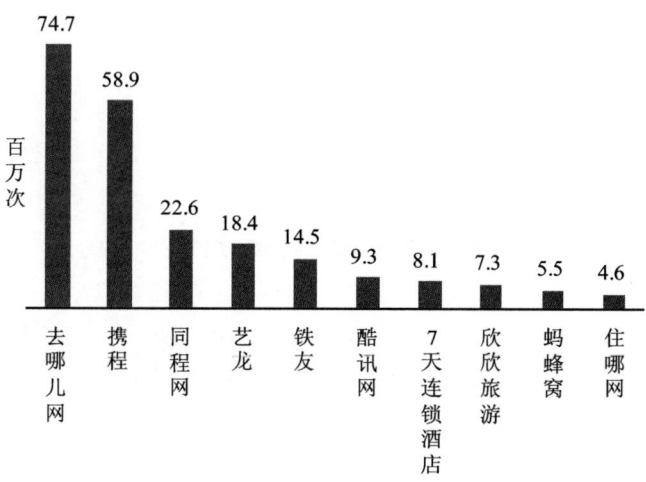

图2-3 旅游电商月度访问人次

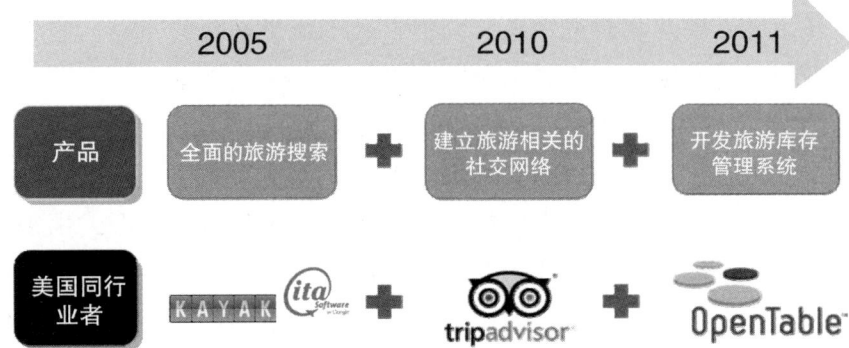

图 2-4 去哪儿网的发展历程

我们目前做的 SaaS 涵盖范围广泛，它是比较多元的系统，有很多的库存管理，比如说酒店有房态管理，定价、交易、结算等都是在 SaaS 平台上面做的（见图 2-5）。现在网上做生意很重要的一点就是信息技术的平台成熟，很多小的供应商其实没有能力做好一个很稳定和高效的平台，所以我们介入了这个领域。

图 2-5 去哪儿网的 SaaS 系统

## 二、新技术的挑战

我比较熟悉的部分，就是技术部分，我们叫作 BUZZword。我觉得互联网今天已经从提供信息转化到了消费者体验，互联网的创新现在最主要的来源是用户，用户现在的能力比如说计算的能力、获取信息的能力要比以前更强，对于服务的要求比以前更加高。服务的要求体现在几个方面：一是对服务的实时性、便捷性、纪实性有更多的要求，而且智能化、个性化方面也有很多的要求，所以他们对企业就有很多的要求，第一，企业要解决的是规模问题，大家都知道互联网流行之后，像我们这样的平台所能够承受的规模问题，就是说互联网发展之后，尤其是无线发展之后，规模的集中程度是跟传统企业的发展轨迹完全不一样的，像我们这样的企业大概一年的增长速度为200%，所以规模的问题是一个主要的问题。第二，企业的系统非常复杂，主要体现在商业流程分布在各个环节，比如说去哪儿网整合了非常多的供应商，比如说酒店、航空公司、小的一些业态，像客栈等，所以用户的体验，有很多不同企业在为一个用户服务，所以 IT 系统就需要整合这些公司，这些企业所有的 IT 系统。

现在的用户由于个性化需求很强烈，所以每个企业都在为他们提供更加个性化的服务，你会看到 IT 系统命名的环境标准化在下降，我自己从前两年开始就把这作为我们非常重要的挑战，标准化下降之后它的处理成本就会非常高。所以，最近几年 IT 技术更受关注，比如大规模的计算、大规模的存储等，我感觉主要是因为用户更加注重体验，所以它可以同时产生很多信息，比如说大家手机里面都有 GDP 和照片，所以它产生的信息非常多，同时强调智能化、个性化的服务，所以就会带来两个问题，一个问题是规模，规模变得越来越大，现在每个用户产生的数据是前些年不能比拟的。另外一个是成本，成本肯定是上升的。总体来讲，我们现在服务的用户在最开始时和现在，大概每个用户的 IT 成本以两三倍的速度在增长，去哪儿网应对这些问题主要包括两个方面，一个是整合，一个是分布（见图2-6）。这里面我讲一下数据，其实大家可以看到现在数据的趋势是逐渐集中的，但是其实因为用户的使用手段，包括参与的方法很多，所以它的数据整合起来后又回到了各个地方，所以这是一个分布的过程。计算也是这样的，现代人手机的计算能力大概相当于前些年一家公司 PC 服务器的能力，所以现在计算如何来负担这么高的成本，我们应该去考虑哪些计算是应该放在客户端的,哪些计算应该放在服务器中。包括服务器本身的计算能力要求远远超过单体的服务器能力,因为云计算得益于大行其道的云。应用也是这样的,应用的整合和分布在有了互联网之后变化很大,互联网的好处是它被所有的应用整合,发布都是服务器端的,但是由于移动产生之后,我们现在应用的发布又变得越来越复杂,这也说明了整合的过程是由企业生产的,同时又分布到产业的各个终端。后面三个我觉得是比较新的变化,一个是流程,商业的流程在整个交易当中是被大规模地整合到一些平台上面去,比如说像现在大家比较熟知的阿里巴巴,但是它的流程是由不同的角色完成的,因为每一个角色可以完成的服务质量是不一样的,它比平台要完成的质量高很多,同时成本会更低,所以流程也是被整合到平台同时又分布回各个服务提供企业里面的。另外两个就是最近几年冲击比较大的人才和知识。为什么讲这个,因为去哪儿网主要做的是旅游,包括自己的从业经历也是IT,但现在我们向用户提供一个体验非常好的服务,所需要的知识是传统的IT业远远不够的,需要有非常丰富的行业知识。我们完成一个云计算,完成云存储都有不同类型的人才,而且这个交易的规模和增长非常迅速,如何在短时间内集聚不同的行业知识以及由不同类型的行业人才来做这项事业,是未来企业非常重要的一个能力。总体来讲,我觉得要应对目前行业的发展,最主要的还是要在整合全链条服务的同时,又有能力分布回这个链条中。

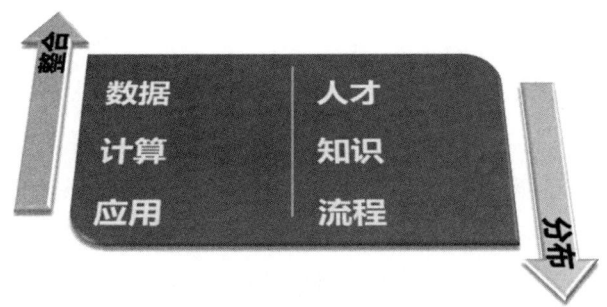

图 2-6 去哪儿网的整合、分布系统

## 三、案例:旅图

旅图是我们技术层面的看法,然后应运而生的一个应用。第一,旅图是去哪儿网的第一个应用，以前去哪儿网的产品是从投资 PC 端开始然后到模块，旅图是唯一一个我们从一开始就以客户端为中心的应用，我们认为移动终端是未来用户最常使用的终端，这个应该会超过 PC 端尤其在旅游行业；第二，由于智能手机的普及，拍照和社交变得非常容易，这里面有一些数据；第三，我们的目的是用智能手机给用户带来一些智能化的随身旅游体验，这个里面一个词就是智能化，这个地方我们也做了一些探索（见图 2-7）。

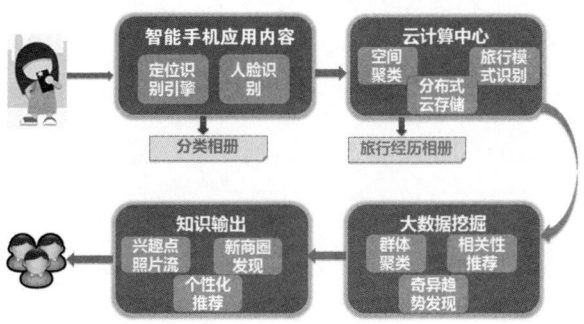

图 2-7 旅图的构成

智能化有几个方面，第一，可以通过照片上的时间和地点，自动获取这个地方的天气，我们会根据照片的历史自动整理成这个旅行的经历，我们判别你今天来到了海口，三天之后你回到了北京。还有我们根据你的时间地点，根据我们判别出来的旅行，包括侦测到你的自拍，帮助你做一些分类，包括自拍相册、旅行相册、时间相册、地点相册。然后我们还会帮游客在时间、空间上面做聚类，我们判别这个旅行是黄山到南京，这个旅行是西班牙等。

第二，是我们更重视的社交部分。社交的部分我们分享到微博、QQ、微信朋友圈这样的社区里面，也包括它为用户提供的存储价值，比如说多终端的。现在很多人有多个手机，我们可以把所有这些手机上面的照片在云端合并，然后可以同时发布到用户的所有终端上面去，这个就是刚才讲的整合分布的过程。同时，我们可以帮用户优化手机容量，把所有原图存在手机的云端，然后把合适分辨率的照片发到原始的手机上面。我们把定位识别的引擎放到手机上面使用，包括人脸识别，这样不需要回到我们的云计算部分来降低成本，这个时候分类相册实际上在手机端可以完成，回到云计算中心之后我们最主要做的就是聚类，存到云存储里面，然后进行旅行模式的识别，我们识别出来你是常住地还是旅行过程当中,这样我们就生成了旅行经历的相册。

有些内容是用户看不见的,就是说计算结果是为了以后使用,所以这部分有一个大数据挖掘方面的东西,第一,群体聚类;第二,相关性推荐;第三,奇异趋势的发现。群体聚类就是我们识别你是男的还是女的。奇异趋势的发现就是我们观察一些我们上传的照片会不会有新的地点,比如说新的景点、新的一些商圈的发现,所以这个东西就会回到知识输出,我们可以把所有的照片合并回一个地点,然后让所有的用户都可以看到。这可以指导我们做一些销售工作,比如说新的商圈发现,我们突然发现北京住在朝阳区的人大量去一个地方,然后可以给用户一些个性化的推荐;我们知道这个用户经常在国内旅行,主要是长途旅行,比如说他的行程主要是五天到十天,这样我们就可以给他更合适的推荐。

前面是我们数据挖掘做的一些尝试。图2-8是"十一"黄金周期间,杭州市来访旅行者和本地人签到数据的聚类对比,我们能够明显地识别哪些旅行景点是本地人去的,哪些旅行景点只有外地人,你会发现模式上的差别是非常大的,所以我们能够根据游客的居住地去判别,比如居住在杭州的人,周边旅游应该去哪里、是什么样的游览、时长大概多少等。

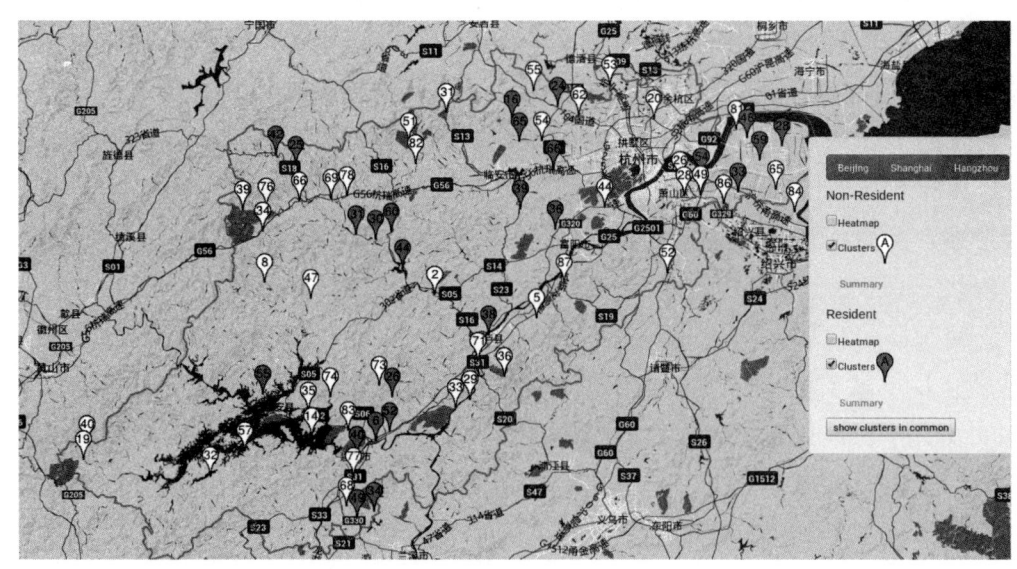

图2-8 杭州"十一"黄金周期间旅行者和本地人签到数据的聚类对比信息

最后我作一个总结，现在就整体来看，互联网进入以用户为核心的时代，它不再是一个企业试图设计一样东西给消费者，更多的是从消费者的体验出发，这样消费者拥有的计算能力产生的数据，回过来就会给企业带来很多的问题，最主要的是规模成本的问题，现在规模发展会有很多的挑战，解决这个挑战最主要的方法，我觉得还是要识别哪些东西可以被整合到中央，哪些东西应该分布到各个地方去，这个基本的思维界定说到底取决于付出的成本到底有多大。

谢谢大家！

# 研发和创新的组织

*海航易生副董事长兼总裁　韩录海*

各位领导、各位来宾，大家好！

去年的中国旅游发展论坛上，我们海航旅业做过汇报，我们去年汇报的主题是致力于走旅游加金融这样的一条创新之路，随着这一年以来的整个旅游市场的变化、新技术的不断应用和利用，再加上整个国民旅游的增幅，包括国民收入的增长，特别是收入这一块用于旅游方面导致消费者增长，整个行业的变化出现了一个新的倾向。这一年来我们不断研发探索和寻求利用创新的手段，使中国的旅游在海航旅业方面可以创造一些成果，下面我就把这一年以来结合去年的整个汇报，把我们创新的相关情况向各位领导做一个简要的汇报。接下来我将从下述六个方面进行汇报：

## 一、旅游行业趋势

从旅游行业发展趋势看（见图2-9、图2-10），我国城镇居民可支配收入年均增长率是比较高的，居民在旅游上面的消费也越来越多，2012年我国居民的境外旅游消费达到1020亿美元，约占全球出境旅游总额的9.5%，较上年增长了40%，成为全球最大的出境旅游消费国。预计到2015年，国内旅游人数将达到33亿人次，这是一个非常客观的旅游形势。消费者对旅游产品的诉求迫使整个产业链进行整合，不仅整合最前端的景区环节，同时也向产品研发环节不断扩展。随着国家旅游法律法规的不断完善，行业准入标准的提升也迫使中小企业进行并购和重组，以此来适应整个环境的变革，大型的企业资本以及战略投资者不断对行业细分市场进行投资并购重组等行为，而且这样的一个势头还在继续。

企业间的并购，如携程增持如家、汉庭等酒店股份，Expedia 收购酷讯，阿里巴巴投资穷游网等，目前这样的并购正在继续，而且这样的势头还在继续。在线旅游市场规模增长强劲，在线旅游的市场营收规模已经达到 30 亿元。手机预订已经成为在线旅游新的增长点，刚才去哪儿网也做了一个介绍，跟我们的整个分析结果是一致的。在政府层面，2012 年 2 月，中国人民银行发展改革委发布了《关于金融支持旅游业加快发展的若干意见》，提出要进一步加大金融支持实体经济力度，改进和提升金融对旅游业的服务水平，支持和促进旅游业加快发展，从政府层面不断注入一些促进旅游发展的因素。

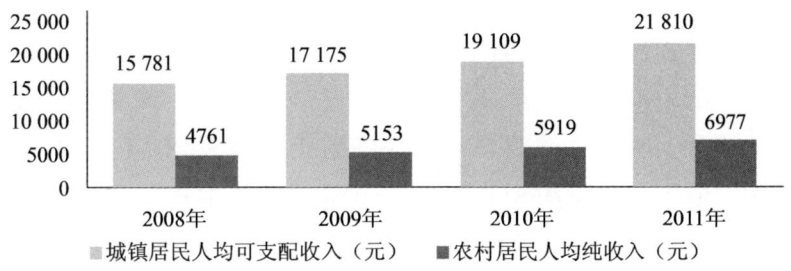

图 2-9　2008—2011 年我国居民人均收入

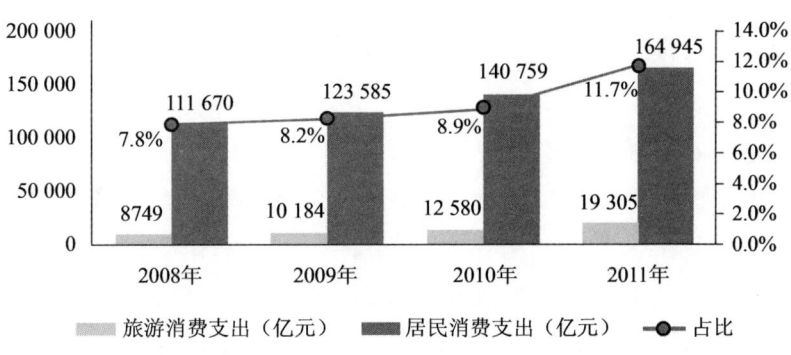

图 2-10　2008—2011 年居民的消费支出

我们认为旅游市场将迎来发展的黄金期和机遇期，将向散客化、混业化、智慧化发展，旅游与其他产业之间的界限将越来越模糊，我相信我们的这些观点跟在座的专家、学者也有相同之处。我们认为旅游行业将朝着轻资产、平台化、国际化的创新思路发展，这是我们对旅游行业的粗浅认识。

## 二、我们的理解

基于前述认识进行了分析，我们认为旅游新经济体已经出现了，我们把这个新兴经济体命名为由同一经济产业链上的各企业，以技术创新为主体，基于共生盈利的目的，形成融合效应，构建动态、和谐、平衡的经济生态圈。研发与创新的组织则是伴随新经济的产生而衍生出来的一种管理模式，能够源源不断地在技术、模式、组织、管理等方面进行一系列研发创新活动。

新经济的产生为传统行业发展注入新的活力，如果给传统产业插上互联网基因的翅膀，将促进旅游资源的优化配置，也为新技术、互联网企业提供新的蓝海。旅游产业的资源利用金融业的手段，通过产业融合和虚实结合最终实现旅游加金融的模式，推动旅游的发展，这就是我们越来越坚定要走的一条发展之路。我们把旅游金融上下游做了区分，上游利用金融资本杠杆，给乐游连锁体系提供金融支持，进入景区运营，开发旅游地产，进行旅游产权交易，与核心供应商合作等都是上游的内容。旅游产业链的下游包括利用金融体系给消费者提供金融产品、目的地的消费卡、旅游保险、第三方支付等内容。

## 三、创新案例

在过去的一年，结合往年的情况，我们把行业内一些创新的案例进行了分析，在旅游平台模式中，比较典型的有两家，一家是有八爪鱼在线，另一家是欣欣旅游。八爪鱼在线实际上是在线旅游综合分销B2B平台的一个典型代表，现在覆盖华东地区上千个终端，目前八成以上的旅行社已经将其作为日常的工作平台。第二家是欣欣旅游网，目前已经成为中国最大的旅游产品预订平台，它每天为300万游客提供超过130万条旅游线路，以及70万件单项旅游产品的预订服务，旗下加盟旅行社超过51 000家，遍布全国县一级城市。

旅游地产模式方面的典型代表是万达旅业，万达旅业自有丰富的旅游资源，包括国际度假区、文化旅游城、高品质的酒店、景区和主题公园等，它今年的一系列成就包括对湖北新航线国旅、北京环行五洲旅行社和江西亚细亚国际旅行社的收购，实际上是在建设旅游资源综合服务平台，未来我相信他们是要走一个旅游地产模式的旅游发展道路。

旅游金融模式是我们要走的一条路，我们的标杆企业是美国运通。实际上日本的一个企业也是走美国运通的旅游加金融的模式。美国运通是旅游金融综合服务平台模式的典型代表，经过三十多年的发展，现在已经非常成熟了。它的客户有 920 万家，遍及 130 多个国家（2005 年数据）。另外的一个旅游金融模式是阿里巴巴，我想大家对这个情况比较了解，它是互联网金融加平台模式。

从去年开始，旅游金融模式里面出现了旅游卡模式。旅游卡业务优势比较明显，但是也存在一些局限性，我们也在观望和研究。通过借鉴这些创新的典型范例，我们结合自身的优势，考虑我们未来会怎样做。

## 四、我们的优势

我们的优势刚才我们 CEO 杨总已经做了简要介绍，从集团层面来讲是五个大板块：航空板块、物流板块、资本板块、海航旅业、海航实业，五大板块互相促进和发展。我们旅游板块就更清晰了，实体方面我们有航空、酒店、会展公司、邮轮游艇、汽车租赁等，航空里面包括通用航空，也有直升机，我们还有亚洲最大的公务机公司。在虚拟的，或者金融类方面，我们有旅游卡、在线旅游网、电子旅行支票、兑换货币银行基金，这种虚实的结合，将构成我们一直发展的旅游加金融的模式。

我们的优势归纳起来主要三点：第一，丰富的旅游资源。第二，业务范围覆盖全产业链；第三，具备传统旅游行业、金融行业、虚拟运营的经验。因此我们能够通过"虚实结合、产融结合"的旅游金融模式，推动旅游行业的深度发展，发掘旅游行业更大的价值。

## 五、我们的创新模式

我们的创新模式归纳起来一共有四种：

（1）旅游消费平台（旅游卡）。我们现在所发行的旅游卡主要通过便捷的支付方式，提高消费者的消费体验。通过提供旅游资源、产品、资讯、在途咨询、查询、导览、投诉、旅游保险、游后理财、积分等服务，打造一站式、综合性的旅游平台。

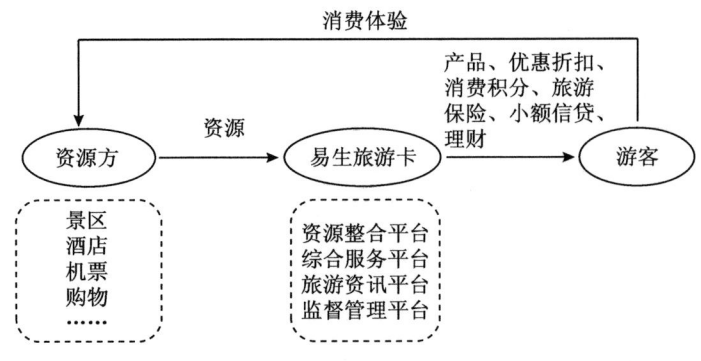

图 2-11 旅游消费平台模式

（2）资源联合平台（景联模式）。资源联合平台实际上我们把它叫作景联模式，我们易生旅游联合多家旅游景区打造以"预付卡"代替"门票"的旅游消费方式，以"持卡入园，一卡通行"的模式，建立景区一体化的一卡通模式建立。去年会议上讲我们开展这个工作，实际上今年这个工作正全力按照我们的计划推进。

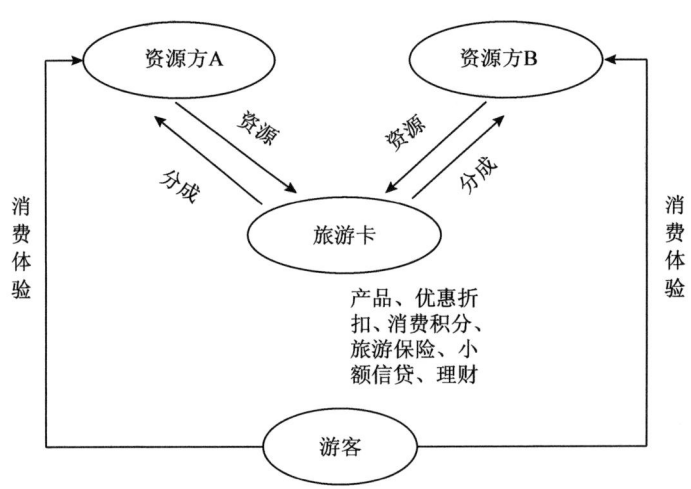

图 2-12 资源联合平台模式

（3）会员管理模式（综合会员管理的体系）。它的主要内容包括：帮助会员拥有方管理会员信息、会员卡发放信息、会员活动、会员消费记录、会员折扣信息等，分析会员消费习惯和特点，改善产品与服务，提升用户体验；为会员拥有方建立多网点的现金流联动服务和渠道整合服务；帮助消费者在不同渠道上实现预订—下单—结账一条龙服务，打造多元化电子商务平台和立体化营销体系；采用创新的联合积分模式和会员共享模式，为消费者提供个性化的服务；引入其他资源方，为会员提供增值服务。

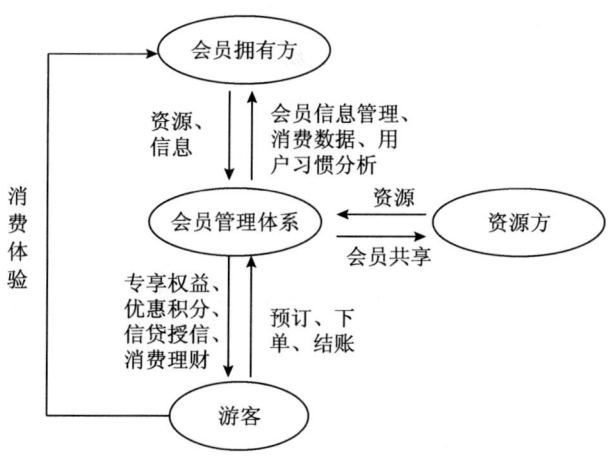

图 2-13　会员管理模式

（4）资金管理平台（旅游清结算平台）。由于旅游结算主体和环节众多、结算模式纷繁复杂，现有线上、线下结算体系不能满足旅游企业之间、企业与客户之间对资金结算安全性、便捷性的需求。我们希望达到的结果是旅行社通过各类旅游交易平台采购旅游资源和产品，并将交易的资金从自身的虚拟清结算平台账户，清结算在约定的条件下将资金划到资源方定制的银行账户。我们希望这样的一个公平的平台交易解决整个行业结算方面的问题，这个模式我们一直研讨，希望尽快出台。

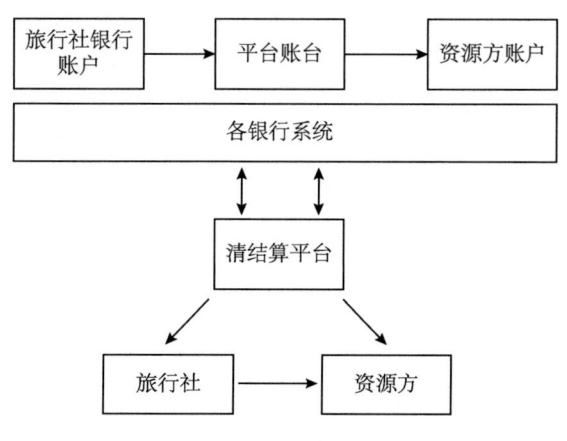

图 2-14　资金管理平台模式

## 六、旅游金融发展展望

对未来的展望，包括产品和模式两个方面。旅游金融产品方面可能会有两个趋势：一是将呈现出种类多样化、交易便捷化、费用低廉化和实用生活化等特点；二是在互联网创新和金融创新的推动下，衍生出新的金融产品，会有四种模式出现：旅游卡平台模式、旅游清结算平台模式、旅游银行以及旅游产业基金，这是我们对未来的一个简单的展望，由于时间有限，简单说这么多。

我们海航旅业会一直坚定地走我们的旅游加金融的模式，我们希望通过这种模式可以为中国的旅游发展打造出一条新的路子，为促进中国的旅游发展做出我们应有的贡献。

谢谢大家！

# 技术驱动业务发展和创新

携程技术事业部技术管理总监　陈建

大家下午好!

代表携程作为下午圆桌论坛的主题发言,我感到非常荣幸。我要讲的题目是从携程的角度分享一下关于携程技术驱动业务发展创新的一些想法和实践。上午的各位嘉宾都讲了商业研发和自主创新里面的一些话题,携程作为国内最主要的一个OTA,我们给自己的定位是:携程是一家最大的、一站式在线旅游平台。我们可以看一下携程2013年的经营数据(见图2-15),携程从网站、呼叫中心到无线移动客户端这三个方面都在发力。大家知道,携程传统上以呼叫中心的业务为主,这一块业务还是保持着良好的增长,同时网站也保持着非常好的一个运营态势,包括我们在技术上的一些成长,我们有多个呼叫中心,我们网站每天访问量超过三千万。2013年,携程提出了现在到将来的转变,我们可以看出携程的战略将向无线端转变,这是顺应互联网和无线互联网的发展趋势。我们看一下分享的数据,携程整个无线客户端下载量超过七千万,这是主动下载量,增长非常迅速。

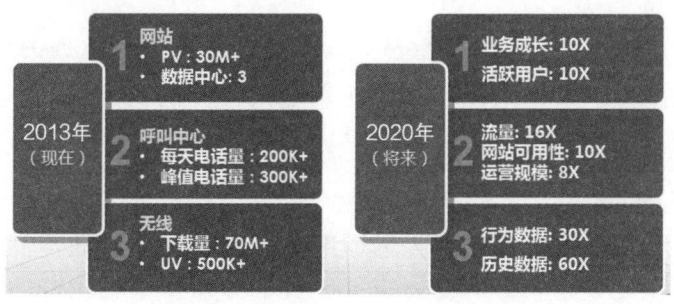

图2-15　2013年携程经营数据

今年，携程提出未来十年的战略设想，未来十年内，整个业务的成长将达到10倍，就是2020年左右，携程整个业务将有十倍的增长。我们的网站和移动端的客户，包括网站和移动端的流量运营规模都需要很大的提升，这些都是需要后面用技术进行回答，技术如何解决这些问题，也是今天想分享给大家的。

所有做技术的人都面临一些问题，特别是业务快速发展的过程中，我们经常碰到这样的一些问题，也许在座的各位领导们也会有这样的体会，就是业务、技术之间永远是矛盾的，业务的需求每天都层出不穷，随着需求的增长，我们新的业务线、新的商业模式在不断增加，所以业务对于技术的需求是非常庞大的。

因为互联网整个流量的导入，每年网站流量的增长非常迅速，刚才已经提到了，携程网每天的PE大概是三千万。另外我们经常碰到一个问题，业务永远希望技术早已经准备好了，我们说一句开玩笑的话，业务其实昨天已经上线，当他提出需求的时候希望马上可以实现。从技术的角度出发，我们可以看到业务量的增长伴随着后台复杂性的增加，对于网站稳定性要求是非常高的。从公司整个运营的角度来说，我们需要成本的下降，我们要衡量每个订单的成本。另外也有作为传统的呼叫中心本身成本结构的优化，这些东西不仅靠一些管理制度，很多层面在移动互联网阶段还需要技术支持，调整我们的成本结构，通过技术来提升我们整个网站运营的效率。

所以我们提出了一个理念，就是技术需要领先于业务的发展，这也回答了前面讲的业务其实昨天已经上线了，业务有需要的时候我们已经满足了业务的需求，这个要求是非常高的。我们可以从携程的角度分享一下，我们过去的几年中所做的一些尝试，我们的技术如何驱动业务的发展创新，满足业务不断增长的需求。

作为技术团队来说，首先需要从组织架构上保障整个业务的发展。在携程，我们整体的技术组织架构是跟各个事业部之间对齐的，我们的酒店、机票、旅游、商旅、每个事业部都有单独的开发团队，我们还有无线事业部，对于底层基础架构、公共平台我们进行统一管理，这可以提高整个资源的利用率。从这个角度来说，我们的每个业务线，我们的每个事业部的自主性和效率会有很大的提升。为了满足整个业务的发展需要，我们整个团队提出两个口号：技术和实力。我们希望技术可以及时并且高质量地交付，甚至超过业务的期望。另外，我们希望通过技术的突破创新来驱动业务的发展。有时候可能在传统的业务模式下，技术永远是服务于业务的，但是在移动互联网阶段，很多业务模式是通过技术的创新来突破的，由它可以导致一些新模式的发生，这个是我们整个技术团队对我们自己使用的一个定位。

携程制定了我们未来十年业务发展的战略目标，要有十倍的增长。但携程的技术，我们可能在一两年前提出一个技术2.0的口号，其实我们是更优先于业务提出了技术要能够承载业务的十倍增长，我们希望携程的技术可以在未来的三到五年内提前一步，支撑业务未来十年的发展。从这个角度出发的话，我们可以看到携程技术2.0需要回答的问题，如果业务成长十倍我们应该怎么办？我们需要满足哪些？从技术层面来讲我们可以快速部署，我们需要提升用户的体验，我们需要提高我们网站的可用性。为了达成这些目标，我们整个技术团队定位了两大战略：第一，我们现在做开放的平台，之前所有的产品在一家平台上运作，现在我们提出开放的平台是要由技术驱动的。第二，我们携程业务要做十倍的增长，很大一部分我们要开拓海外的市场，海外的业务可能需要更多的技术来解决和驱动的，而不是靠传统销售这种方式。

携程非常关注用户体验。作为互联网公司，对于用户体验是从某种意义上追求完美或者偏执的，所以用户体验对于互联网公司来说是非常关键的，这在后面也会做一些非常详细的说明。现在比较热的大数据分析和挖掘，也是携程为了未来业务十倍的增长而进行的深耕细作。我们知道，很多的技术、很多的产品通过技术方面研发出来了，但是最终落地还需要一个非常重要的环节，就是我们需要一些卓越的运营，通过有效的运营把这些产品落地，给公司产生一些最好的利润。

下面我简单介绍一下战略，首先重点说一下Open API everywhere。这个是技术的事情，我们跟下面的消费者做很多互联，我们需要用Open API everywhere这个方式来做，我们希望所有的供应商包括合作伙伴可以介入到携程的后台，携程通过强大的技术力量，通过我们的API可以把这些输送到各种各样的消费端，或者驱动端、移动端的应用或者其他的合作伙伴。对于最佳用户体验因为时间的关系我不多说了，其实归根到底是，要提供最佳的用户体验是需要依靠技术的。这里面有很多种技术，我们希望通过技术驱动可以产生好的产品，只有好的产品才能提升用户的体验，我们希望用户的体验包括可用、好用和爱用，这样才会提高用户的黏性。

要做好运营，其实有很多的技术方式，因为携程现在可能有几千几万台服务器,如果通过人工是不可以的,包括对业务的监控。我们自动化优化方面要做很多的工作,携程现在比较热的一个词就是云技术,云技术在携程有很多成功的应用。我们可以看到,携程应该是现在国内甚至国际上最大的一个呼叫中心,我们通过虚拟化的技术可以把整个呼叫中心的客户人员通过虚拟桌面的方式连接到后台的云服务器,这样部署使成本的结构优化,可以更大程度上降低我们在呼叫中心成本的开销,就是非常有意思的一个创新。

我们技术发展的方向或者说我们的6M战略(见图2-16),我们的前端设备,其实大家看到了,我们前端的设备不仅包括我们的移动端,也包括平板,包括现在大家看到的很多淘宝出的智能电话,包括笔记本、PC等,我们通过包装可以组合,和供应项目之间进行匹配。当然携程走出海外,我们需要多语言和多国家的战略。我们还需要多数据中心和多开发中心,现在携程也已经有了,未来需要更进一步的拓展。

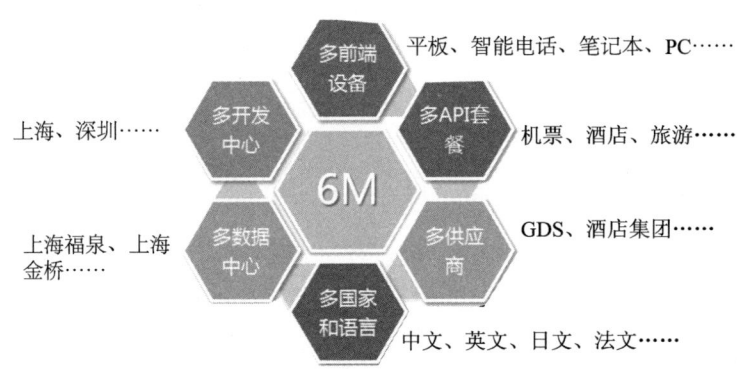

图2-16 携程的6M战略

最后再强调一点,携程现在做的这个开放平台,我们可以通过它实现内部资源的共享,但强调更多的是外部,通过共享平台或者开放平台我们可以跟所有同行或者是所有合作伙伴深度地合作,然后达到共赢。

谢谢大家!

# 铂涛启程　扬帆领航

铂涛酒店集团高级副总裁　彭玉冰

刚才陈总的讲话很专业，我来一个通俗版。尊敬的各位来宾，大家下午好！受集团董事长郑南雁先生的委托，我代表铂涛酒店集团出席今天的盛会。首先感谢中国旅游研究院和戴斌院长的邀请，感谢各位一直以来对我们铂涛酒店集团的关注。

铂涛酒店集团是由原来七天连锁酒店集团的创业股东何伯权、郑南雁携手一些资本集团共同创立的，集高、中、经济型酒店于一身的多品牌酒店管理集团。凯雷投资集团是全球规模最大的投资基金之一，它以稳健的投资理念、成功的投资案例以及雄厚的资本实力，一次次证明它是当前投资界当之无愧的行业巨头。凯雷创始人之一丹尼尔·德安尼罗曾经也是国际知名酒店集团万豪国际的金融战略决策人，在酒店行业有丰富的经验、判断力，以及广泛的人脉和影响力。铂涛能够获得这样一位在业界享有盛誉投资家的青睐，是中国酒店业的幸事。红杉资本是成功投资的传奇，红杉是一系列在硅谷诞生的世界知名公司最早的机构投资者，是他们最重要的事业伙伴。红杉中国的领头人沈南鹏先生更以其独特的眼光进行过一些投资案例，让红杉成为中国企业家青睐的投资公司之一，沈先生因此成为中国最具战略眼光的投资家。铂涛酒店集团在得到凯雷和红杉两大重量级资本支持之后，第一个最大的动作就是进行了大家关心的七天连锁酒店的私有化收购。

2013年7月17日，铂涛酒店集团在广州举行盛大的新闻发布会，宣告铂涛酒店集团正式成立，并同时完成七天连锁酒店私有化收购，从美国证交所退市。在当天的新闻发布会上，铂涛一举发布了四个品牌，涉足中高端酒店品牌，分别是高端的铂涛菲诺酒店、中端的丽枫酒店、喆·啡酒店和ZMAX酒店。铂涛菲诺酒店取名于意大利的一个小镇，铂涛菲诺遵循那个小镇的生活原则，在浪漫传奇中彰显尊贵和奢华，为客户重新定义五星级酒店，为精英人群在旅程中打造一个可以忙里偷闲的秘密专属领地。麗枫酒店让顾客自然呼吸、舒适睡眠，为顾客打造舒适的环境，房间具有空气净化系统、负氧离子，让客户入住的过程中可以充分放松心情，获得身心愉悦。喆·啡酒店将咖啡的文化主体与酒店完美结合，用一个音乐和一本好书与自己的心灵对话，让商旅之途不再浮躁，在这样雅致的人文空间里静静地释放。我同事放的我们的产品照片都是实体店，第一家店将在这个月底或者下个月初在珠海开业，其他的陆续要开业。

我们认为中国经济向中国制造再到中国创造的转变过程中，一个公司必须富有创造力，并且能够把创造力不断转化成品牌力，品牌的作用与消费者达到通频共振，使品牌最终成为公司的核心资产和竞争力，这样公司才能立足于新时代的市场，并延续这个生命力。今天圆桌论坛的主题是商业研发与自主创新，铂涛酒店想把品牌和创造力相结合，新的时段给消费者提供个性十足的酒店品牌，让中国的商务之旅更加精彩纷呈。

谢谢大家！

# 第三编

## 中国旅游集团景气调查报告[①]

---

① 本部分由中国旅游研究院国家旅游经济实验室陈旭博士牵头完成,在此表示谢意。

# 2013 年第一季度旅游集团景气调查报告

## 一、总体判断

2013年第一季度我国旅游经济运行保持相对良好的发展态势。但与2012年第四季度相比,持乐观预期的综合旅游企业比重有明显下降的趋势。总体表现在以下几个方面:

综合旅游企业信心指数有所下降。相比上个季度,旅游企业持乐观态度的比例大幅下降,近四成受访的旅游企业对第一季度旅游行业总体发展形势持相对保守或不乐观的态度。多数企业对今年我国旅游业的发展预期持乐观态度,但仍有近1/3的受访企业认为2013年中国旅游业的发展形势会与去年持平。

在企业经营状况方面,与去年第四季度相比,少数企业认为第一季度企业的经营会出现下降的趋势,四成认为与去年第四季度持平;在企业绩效指标上,价格、成本与利润指标以持平为主,而收入指标以增加为主。

从企业规模来看,三大类型企业的乐观预期相对保守。其中,大型旅游企业对自身本季度的经营情况所持乐观态度的比重稍高于中型企业;而对今年旅游业发展形势的预期,大型和小型企业所持乐观态度的比重稍低于中型企业。

从企业类型来看,除股份制企业外,其他类型的受访企业对第一季度的整体乐观预期有所下降,其中股份制企业的乐观预期最高,其次是民营企业,国有和外资企业的态度以持平为主。

从区域发展来看,华南地区在第一季度超过了华东地区,对第一季度和全年旅游业发展的乐观预期均最高,华中地区的乐观预期最低。

在企业经营情况的九项指标中,预订人数、营业收入和接待人数三项涨幅较大,而其他各项指标则以持平为主。

## 二、第一季度综合旅游企业景气分析

全国共有 30 家综合旅游企业参与了 2013 年第一季度的调研。这些综合旅游企业多数集中在华东地区并且为 400 人以上的大型企业,以国有和股份制企业为主。本次调研兼有两家合资企业和一家外资企业,为统计方便,均计入外企。

表 3-1　2013 年第一季度受访企业规模、地区与类型比重分布

| 企业规模 | | | 企业所在地区 | | | 企业类型 | | | |
|---|---|---|---|---|---|---|---|---|---|
| 小型 | 中型 | 大型 | 华东 | 华中 | 华南 | 国有 | 民营 | 外企 | 股份制 |
| 30% | 10% | 60% | 60% | 20% | 20% | 40% | 16.7% | 10% | 33.3% |

### (一) 综合旅游企业对中国旅游业发展的判断及预期

1. 对第一季度中国旅游业发展的总体预期

总体而言,超过半数受访企业对第一季度旅游行业的总体发展持乐观和非常乐观的态度。与 2012 年第四季度发展预期相比,持"乐观"态度的受访企业比重由原来的 100% 下降为 50%,比重下降了五十个百分点;但和 2012 年第四季度明显不同的是,有 6.7% 的受访企业对第一季度的总体发展表示非常乐观;持"不乐观"和"一般"态度的企业比重和去年相比也显著上升,分别为 6.7% 和 36.6%(见图 3-1)。

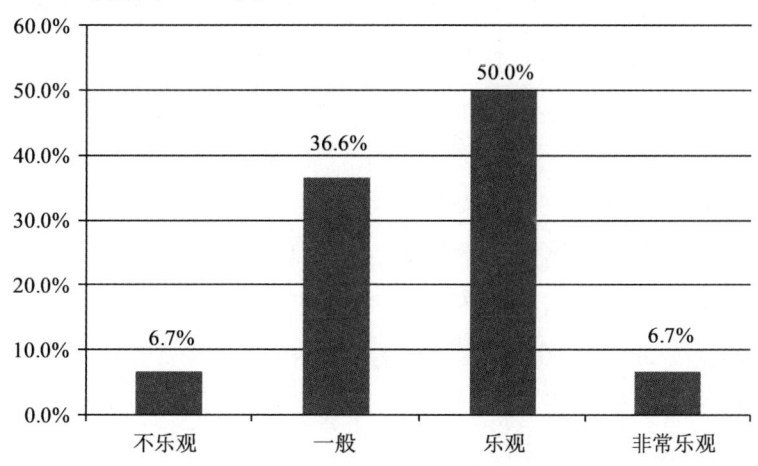

图 3-1　综合旅游企业对 2013 年第一季度旅游行业总体发展形势预期

2. 不同规模、地区、类型企业对旅游业发展的预期

从企业规模来看,与去年第四季度企业持"乐观"态度明显不同的是,不同规模的受访企业对第一季度旅游业的发展预期主要集中在"一般"和"乐观"两种态度上。其中,在比重为0的基础上,大型企业中持"不乐观"和"一般"态度的比重分别增长到11.1%和33.3%;持"乐观"态度的大型企业比重为50%,下降了50个百分点;而持"非常乐观"态度的比重也有小幅上涨。33.3%的中型旅游企业选择"一般"的态度,与去年第四季度相比,比重大幅上升;但仍有66.7%的中型企业持"乐观"态度。三种企业类型中,小型旅游企业对一季度旅游业的发展预期持"一般"态度的比例最高,为44.4%,持"乐观"和"非常乐观"态度的小型企业比例分别为44.4%和11.1%,没有小型企业持"不乐观"的态度。

从企业所在地区来看,华东地区持"乐观"态度的企业占全部华东地区企业的55.6%,下降了44.4%;其次为持"一般"态度的企业,占38.9%,持"非常乐观"态度的企业比重也上升到了5.6%。与上一季度企业几乎全部乐观的状况相比,华中地区持"不乐观"和"一般"态度的企业比例突升到33.3%和50%;仅有16.7%的企业对本季度旅游业的发展表示乐观。而华南地区企业对本季度旅游业的发展预期虽然仍主要集中在"乐观"态度上,占66.7%,但持"一般"和"非常乐观"预期的企业比重也很可观,各占了16.7%,这表明华南地区的企业对本季度旅游业发展的态度各不相同。而不同区域的企业中,尤以华中地区企业的乐观预期最低。

从企业类型来看,股份制企业表示"不乐观"和"一般"比例都分别由0上涨到10%,上升幅度较大;持"乐观"态度的虽有大幅下降,但仍有60%的比重;与其他类型的企业不同的是,本季度有20%的股份制企业对旅游业发展的预期表示非常乐观,比例为绝对增长。与上季度相比,国有企业持"一般"态度的比重增长到58.3%,超过了持"乐观"态度的比例(41.7%);而外企持"一般"态度的比例为持"乐观"态度比例的2倍,二者分别为66.7%和33.3%。民营企业中,有20%的企业持"不乐观"态度,另有20%的企业持"一般"态度,持"乐观"态度的企业比例由100%下降到60%。这表明,除股份制企业外,其他类型的旅游企业都大大降低了第一季度旅游业的发展预期。

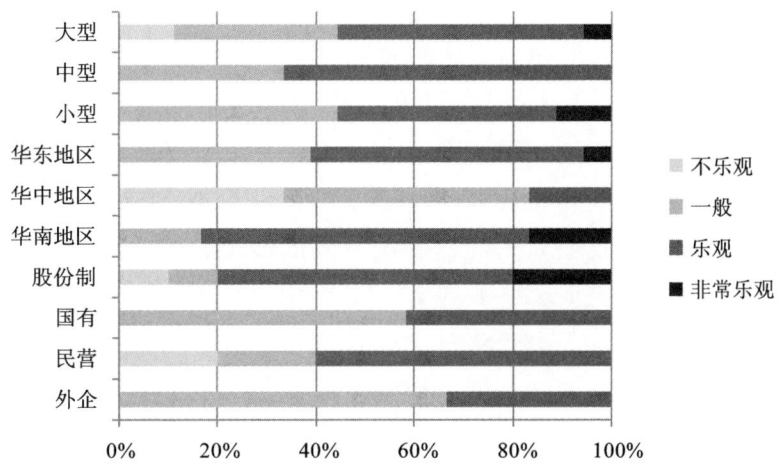

图 3-2 2013 年第一季度不同规模、区域与
类型企业对所在行业发展的预期

## （二）综合旅游企业对本企业本季度经营情况预期

1. 综合旅游企业 2013 年第一季度经营状况总体预期

调查结果显示，本季度旅游企业对自身经营情况的预期要低于上一季度。与 2012 年第四季度没有企业认为经营状况会下降的情况相比，占 23.3% 的综合旅游企业认为本季度的经营状况较上一季度有所下降；认为本季度与上一季度经营持平的受访企业比例上升了 14%，为 44.4%；而仅 33.3% 的受访企业认为本季度的经营情况要好于上一季度，大幅下降了三十四个百分点。与上一季度相同，没有企业认为自身的经营状况会出现较大上升或较大下降。

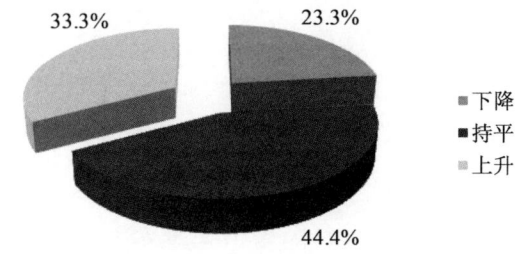

图 3-3 2013 年第一季度与 2012 年第四季度综合
旅游企业经营状况预期比较

2. 不同规模、地区、类型企业对本企业经营情况的预期

从企业规模来看，大型和小型旅游企业对本季度经营状况的预期虽以"持平"和"上升"为主，但预期大幅走低，中型旅游企业的预期分布则相对均匀。认为经营状况与上季度持平的大型企业比例为33.3%，与上季度基本保持一致；大型企业中认为经营状况好于上季度的比例为44.4%，下降了近10%；与去年第四季度无受访企业认为经营状况下降的情况相比，认为经营状况低于上季度的大型企业的比例大幅增长到22.2%。中型旅游企业的经营状况预期继续下降。去年第四季度认为经营状况"上升"和"持平"的比例分别为75%和25%，本季度各预期比重则分布相对均匀，都为33.3%，认为经营状况好于上季度的中型企业比重大大下降；此外，另有33.3%的中型企业认为本季度的经营状况低于上季度，比例增长的程度不容忽视。小型企业中，认为本季度经营状况与上季度持平的比例为66.7%，环比增长了50%；认为第一季度经营状况较上季度有改善的小型企业比例为11.1%，环比下降了72.2%；此外，有22.2%的小型企业认为本季度的经营状况不如去年第四季度。没有受访企业认为经营状况会出现较大增长和较大下降。

从企业地区分布来看，华南地区旅游企业对第一季度经营状况的预期超过了华东和华中地区，华中地区旅游企业的预期则最低。具体来看，华东地区认为经营状况好于上一季度的旅游企业比例为38.9%，环比下降了34.4%；认为经营状况与上季度持平的旅游企业比重为55.6%，增长了29.3%；另有5.6%的企业认为第一季度的经营状况要低于上一季度。对于华中地区的企业来说，认为经营状况有所改善的比例由上季度的66.7%锐减为0；有83.3%的企业则认为经营状况不如上一季度，比例增长的幅度相当可观；另有16.7%的企业认为第一季度的经营状况与上一季度持平，下降了16.6%。华南地区的旅游企业中，有50%认为经营状况好于上一季度，下降了十个百分点；33.3%的企业认为经营状况持平，比例稍有下降；认为经营状况下降的企业比例由0上升到了16.7%。没有受访企业认为经营状况会有较大增长或较大下降。

从企业类型来看，第一季度所有类型的企业对经营状况的预期都出现下降的趋势。其中，股份制企业认为经营状况较上季度上升的比例为40%，下降了51%；认为经营状况持平和下降的比例分别由9%和0增长到了40%和20%。国有企业中认为经营状况上升的比例为33.3%，下降了近23.8%；41.7%的国有企业认为第一季度的经营状况和上期持平，比例基本没有变化；但认为经营

状况低于上季度的比例则由 0 激增到 25%。民营企业中认为经营状况上升和下降的比例都为 40%，和上季度相比，认为经营状况上升的比例有小幅增加，但选择下降的比例却从无到有，增长到了 40%；20% 的民营企业认为一季度经营状况和上期持平，下降了 26.7%。本季度外资企业对经营状况的预期有明显改变，由上季度认为经营状况上升到本季度选择经营状况持平，变动的比例均是 100%。与上期相同，没有企业认为第一季度经营状况出现较大上升或较大下降。

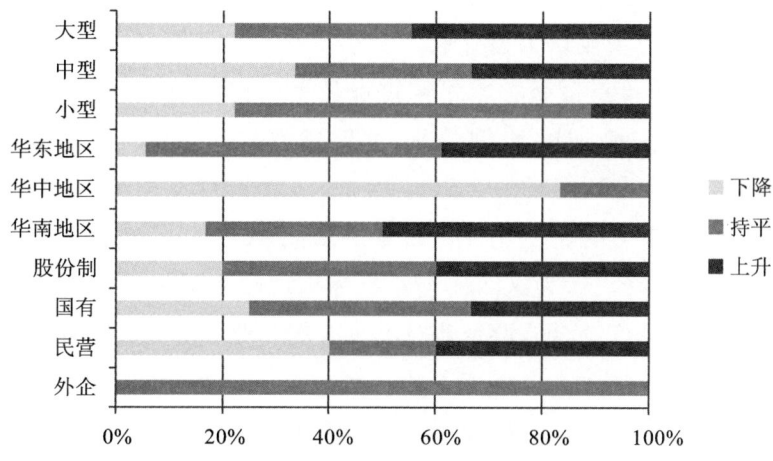

图 3-4 2013 年第一季度不同规模、地区、类型企业对自身经营情况的预期

### （三）具体经营指标分析

总的来说，2013 年第一季度，与旅游企业具体经营情况相关的九项指标的运行与去年第四季度相比，仍以持平和增加为主，但乐观预期要小于上一季度。其中，认为营业收入增长的比例最大，其次是接待人数和预订人数。但认为这三项指标减少的企业也占相当大的比重。

1. 企业具体经营指标分析

从就业情况的两项指标，即从业人员数和员工工资来看，多数受访企业认为从业人员数量以及员工工资与去年第四季度持平。其中，认为从业人员数量持平的企业占 66.7%，30% 的受访企业认为从业人员数有所增加，有 3.3% 的企业认为本企业从业人数下降。认为员工工资与上季度持平的企业比例由 3%

上升到了60%；36.7%的受访企业认为员工工资有所增加，比例下降了60.3%；另外有3.3%的企业认为员工工资有较大增加。

从企业绩效的四个指标即营业收入、营业成本、产品价格和利润水平来看，受访企业主要认为营业成本、产品价格和利润水平三项指标与上季度持平，认为营业收入以增加为主。在营业收入方面，认为营业收入增加的比例由上季度的100%减少到56.7%；此外，有10%的企业认为营业收入会出现减少，认为营业收入持平的比例为33.3%。在营业成本方面，认为营业收入出现减少的比例为6.7%；六成受访企业认为营业收入与上季度持平，比重增幅明显；本季度仅有33.3%的受访企业认为营业收入会出现增加，下降了66.7%。在产品价格方面，认为第一季度产品价格水平与之前持平的比例由100%下降到73.4%；认为产品价格下降和增加的比例分别为3.3%和23.3%。在利润水平方面，36.7%的受访企业认为利润水平会出现增加，较上季度增加了30个百分点；认为利润水平与上期持平的比例由93.33%下降到60%，另外有3.3%的受访企业认为利润水平会下降。认为这四项经营指标出现较大减少或较大增加的比重为0。由此可见，第一季度综合旅游企业对本企业的营业状况持相对保守的态度。

从企业规模的三项指标即预订人数、接待人数、固定资产投入情况看，第一季度认为预订人数和接待人数增加的企业比例增幅明显，但在固定资产投入方面却相对谨慎。具体来看，在预订人数方面，有30%的受访企业认为预订人数出现下降趋势，降幅为23%；有40%的企业认为预订人数出现增加；另外30%的受访企业认为预订人数与上季度持平，环比下降17%。在接待人数方面，与上季度6.7%的比例相比，43.3%的企业认为接待人数有所增加；认为接待人数与上期持平的比例为40%，降低了53.3%；另外有16.7%的受访企业认为接待人数少于上季度。在固定资产投入方面，53.3%的受访企业对固定资产的投入与上季度持平，增幅为50.4%；增加固定资产投入的企业比例由上季度的97%降到40%；各有3.3%的受访企业对固定资产的投入有较大减少和较大增加。综合表明，第一季度旅游企业对固定资产的投入有下降的趋势。

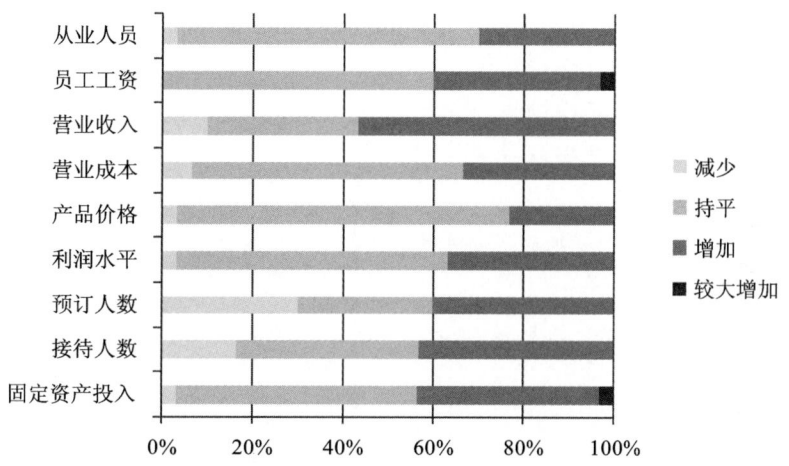

图3-5 2013年第一季度与2012年第四季度相比，
综合旅游企业经营指标变动情况

2. 不同规模、地区、类型企业具体经营指标分析

从企业规模看，与上季度相比，第一季度不同类型旅游企业的经营指标向两端趋近，除固定资产投入和员工工资外，其余指标环比增加或减少的比例都有所增长。综合来讲，大型旅游企业对本企业的经营状况预期要稍好于中型和小型企业。具体来看，反映在企业规模变化的固定资产投入、预订人数与接待人数三项指标中，大型和小型企业认为预订人数减少的比例占了三成，接待人数方面以持平和增加为主；中型旅游企业的预订人数和接待人数呈同比例增加的趋势，持平和增加的比例分别为33.3%和66.7%；在固定资产投入上，各有55.6%的大型和小型旅游企业选择持平，5.6%的大型企业对固定资产的投入有较大增加，其余以增加为主；中型企业减少、持平和增加的比例各占1/3。在反映企业绩效的产品价格、营业收入、营业成本以及利润水平四个指标中，占近7成的中型旅游企业的营业成本和营业收入有所增加，大型和小型企业认为营业成本以持平为主，超半数受访的大型和小型企业认为营业收入较上期有所增加。在产品价格方面，大中小型旅游企业认为价格与上期持平的比例最多，其中有三成的大型企业认为产品价格有所增加；中小型旅游企业的利润水平大致相当，都以持平为主，有5.56%的大型企业认为利润水平有下降趋势，但大型旅游企业的利润水平要稍高于中小型企业。

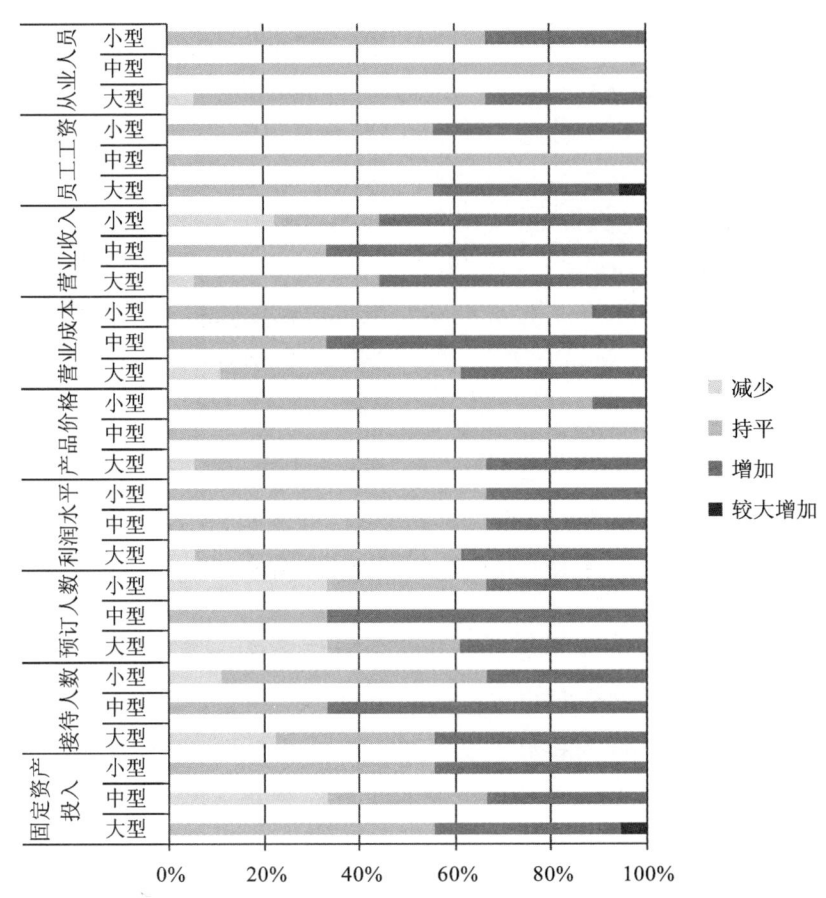

图3-6 2013年第一季度不同规模的综合旅游企业同比经营指标变动情况

从不同区域的旅游企业来看,除华东地区预订人数和接待人数下降比例突出外,其他地区的经营指标均以持平和增加为主。本季度华南地区表现突出,在各项指标上表现良好。具体来说,在反映企业规模的固定资产投入、预订人数以及接待人数这三个指标中,占半数受访的华南地区企业增加了对固定资产的投入,比例要稍高于华东地区,多数华中地区的企业对固定资产的投入选择减少或者持平;从预订人数和接待人数上看,华中地区企业较上期有大幅减少,预订人数的减少比例甚至达到了83.3%;华南地区企业预订人数和接待人数的增幅最大,高于华东和华中地区;华东地区这两项指标仍以持平和增加为主。在其他反映就业情况与企业绩效的六个指标中,营业收入以增加为主,其他指标以持平为主。华南地区从业人员和员工工资的增长比例略高于华东地区,认

第三编　中国旅游集团景气调查报告
Part Ⅲ PROSPERITY INVESTIGATION REPORTS ON CHINA TOURISM GROUPS

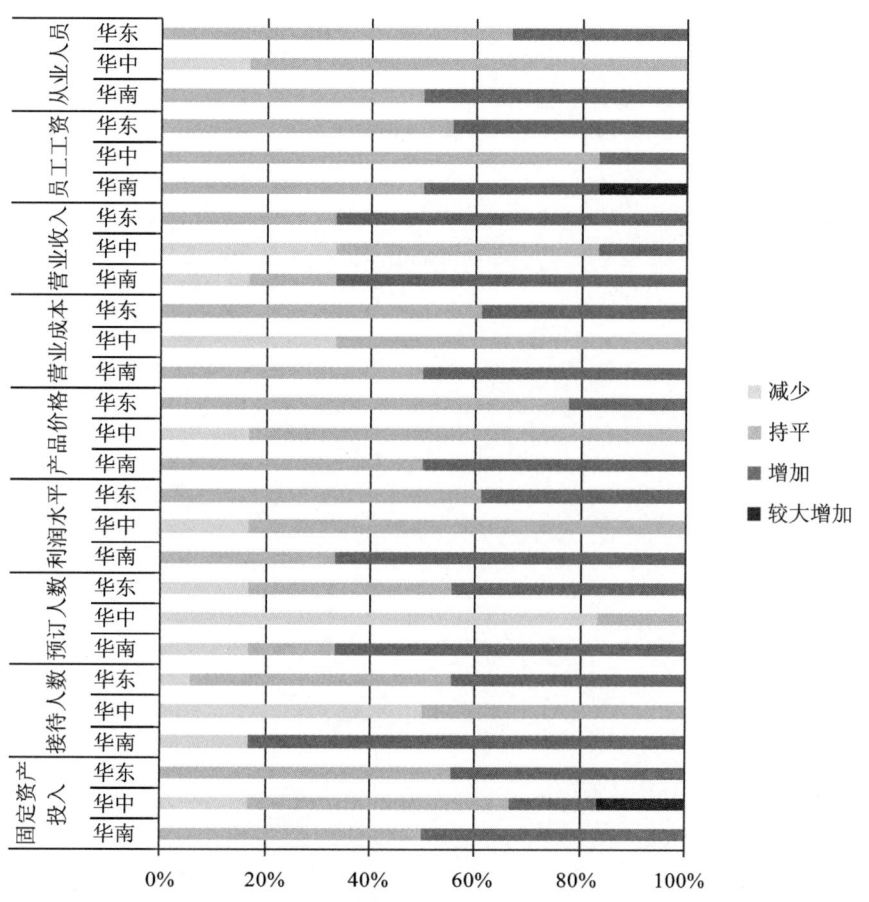

图 3-7　2013 年第一季度不同地区的综合旅游企业同比经营指标变动情况

为这两项指标增加和较大增加的华南地区企业占 50%，华中地区增幅最小，以持平为主；在营业收入方面，华东地区和华南地区增长比例相当，华南地区有三成企业认为营业收入下降，半数选择持平；在利润水平方面，华南地区表现最佳，增加的比例最大，七成华南地区企业认为利润较上期有所增加，其次是华东地区，华中地区大多数企业认为利润持平。第一季度，除营业成本增加的比例最大外，华南地区在其他经营指标的表现超过了华东地区，华中地区企业的表现依然不佳。

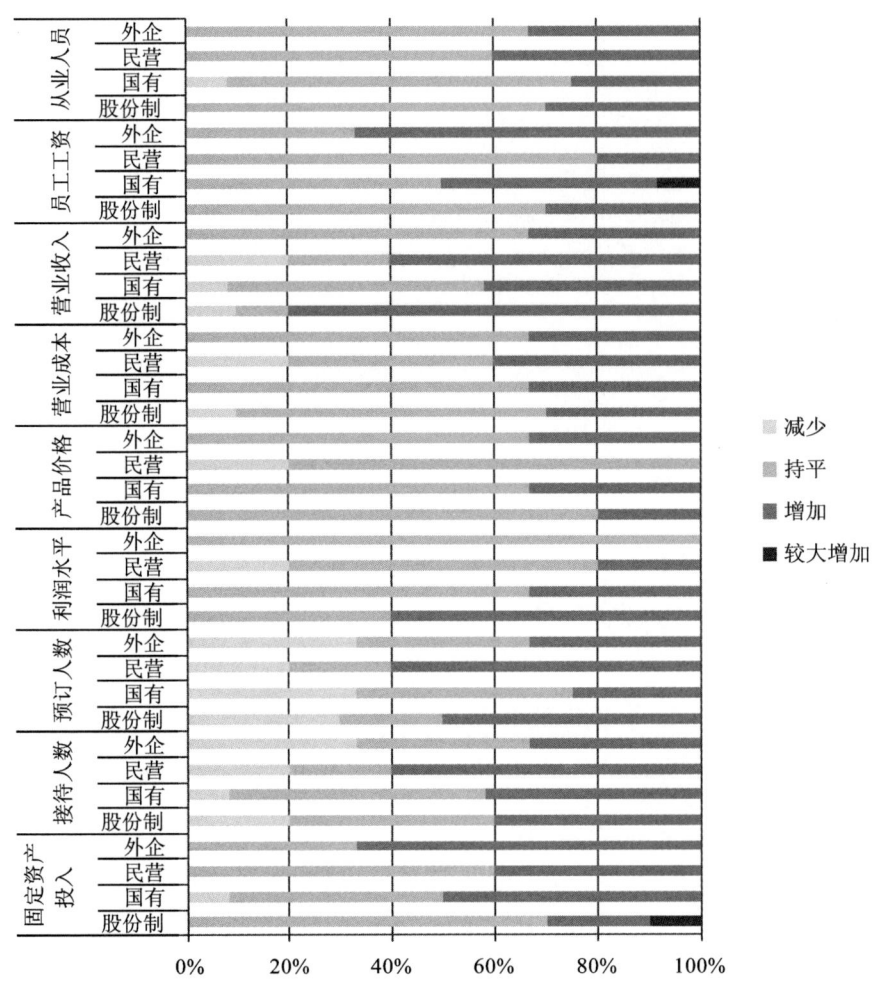

图3-8 2013年第一季度不同类型的综合旅游企业同比经营指标变动情况

从不同类型企业看，在不同的经营指标上，不同类型的企业表现也各不相同。对于反映企业规模的固定资产投入、接待人数和预订人数三项指标中，外资企业对固定资产的投入增加比例最大，其次是国有企业，民营和股份制企业以持平为主；在接待人数和预订人数上，民营企业表现最为突出，增加的比例最大，分别为60%，各有三成的外资企业在这两项指标上有下降趋势。在反映企业经营绩效的营业收入和利润水平上，股份制企业增加比例各达80%和60%，六成民营企业营业收入有所增加，国有企业、民营和外企的利润以持平为主。员工工资方面，七成受访的外资企业表示员工工资有所增加，增加的比例最大,其次是国有企业,绝大多数民营和股份制企业的员工工资与上期持平。从业人员方面,全部类型的旅游企业的员工数量都以持平为主。

## 三、第一季度综合旅游企业趋势预测

### (一) 综合旅游企业对中国旅游业发展预期

1. 对第二季度旅游行业总体发展形势的预期

根据本季度的调研数据,综合旅游企业对第二季度旅游行业的发展预期总体处于相对乐观的态度。多数旅游企业认为第二季度旅游行业的发展会出现上升或较大上升。与去年第四季度受访企业全面乐观的态度不同,第一季度仍有26.7%的企业对二季度旅游行业的发展持相对保守的态度,这可能与第一季度旅游业的总体发展没有达到预期有关。

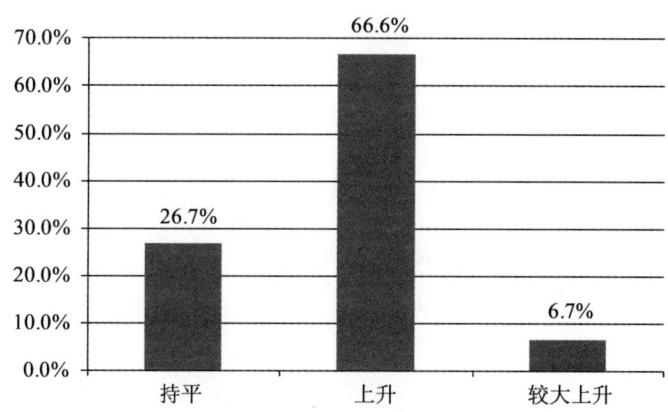

图3-9 综合旅游企业对2013年第二季度
旅游行业总体发展形势预期

2. 对今年旅游行业总体发展形势的预期

第一季度受访的旅游企业中有60%对今年旅游行业的总体发展形势比较看好,有6.7%的受访企业认为旅游行业的发展会出现较大上升;另外三成的受访企业态度则相对保守。没有受访企业认为今年旅游业的发展会出现下降的趋势。总体来说,多数企业对今年旅游业的发展持相对乐观的态度。

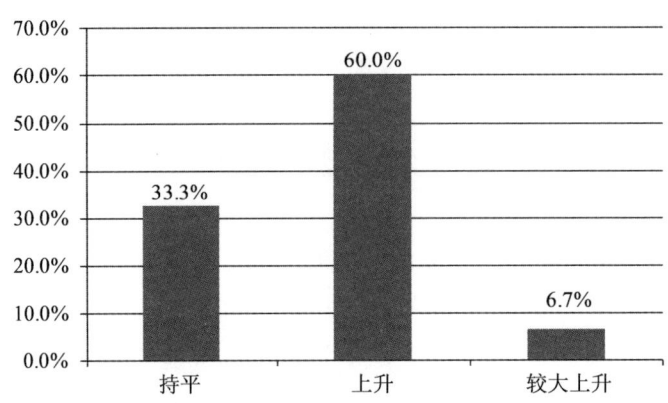

图 3-10 综合旅游企业对今年旅游行业总体发展形势预期

### (二) 综合旅游企业对本企业经营状况预期

首先,从综合旅游企业对本企业第二季度的经营预期来看,六成企业认为第二季度本企业的经营状况要好于第一季度,其中56.7%的企业选择经营状况有所增加;26.7%的企业认为第二季度的经营与第一季度持平,另外13.3%的企业表示悲观,认为本企业的经营在第二季度会出现下降。从旅游企业对今年本企业的总体经营状况预期来看,43.3%的企业认为持平,10%的企业认为会出现减少,只有不到五成的企业认为今年的经营状况会好于去年。这表明了旅游企业对今年企业经营的信心有所下降。

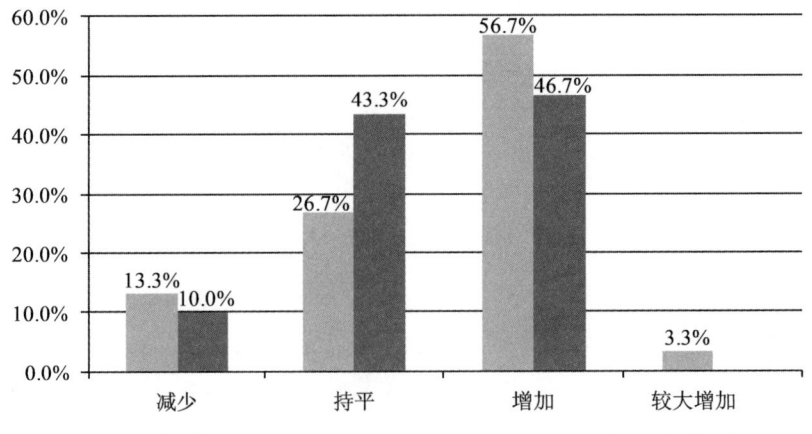

图 3-11 综合旅游企业对本企业发展的预期

## 四、2013年第一季度综合旅游企业大事件一览表

| | |
|---|---|
| 2013年1月 | • 垂直搜索引擎酷讯旅游网、旅游短租平台途家网以及租车服务公司易到用车网宣布牵手，推出春节出行促销活动。此次三方尝试的跨界合作是为未来推出更多一站式旅游产品做准备。<br>• 恒大集团与内蒙古自治区呼和浩特市政府签署战略合作协议。2013年至2017年间，恒大集团将与呼和浩特市共同打造6个项目，包括东北部特大型旅游综合体项目、新华广场城市地标项目、东南部民生地产项目及其他高端精品住宅综合开发项目等。<br>• 如家酒店集团首席执行官孙坚29日在广州接受记者采访时表示："过去忽略广东市场，对广东市场下力不足，是一个错误。"未来5年左右，如家在广东的酒店数量将达到500家，使华南尤其是广东成为如家除京、沪之外又一个重点市场。 |
| 2013年2月 | • 海航成功地收购了法国蓝鹰航空公司48%的股份，成为第二大股东。这是国内首家航空公司投资于欧洲航空市场。<br>• "海洋旅游年"的确定，将从国家政策层面为整个海洋旅游市场带来利好因素。邮轮海旅行网除提供数量众多的邮轮旅游产品外，也为团队出游的客户定制个性化服务，未来邮轮海将不断开发旅行目的地的岸上游产品。<br>• 2013年春节期间，截至2013年2月25日17时，新浪财经对全国11个经济型连锁商务酒店的调查结果显示，消费者对锦江之星酒店满意度最高，莫泰168、南苑E家和桔子酒店等被评为最不满意酒店，如家排名亦较差。<br>• 继2012"诚信年"之后，2月28日，中青旅控股在京宣布：正式启动"2013客户体验年"，这是旅游行业首个体验年活动，旨在通过客户评价的视角，全面提升旅游服务的品质和水准，为旅游行业注入更多正能量。 |
| 2013年3月 | • 从3月1日起，梁建章出任携程董事会主席兼首席执行官，在梁建章的主导下，携程已基本完成新的组织架构调整，在内部成立了五大事业部，分别是酒店事业部、机票事业部、无线事业部、旅游度假事业部和商旅管理事业部。<br>• 3月1日凌晨，7天连锁酒店集团达成私有化合并协议，支付给普通股和ADS持有者的对价表明公司的股权价值约为6.88亿美元。合并交易在2013年的下半年完成。<br>• 厦门航空加入天合联盟，成为其第19个成员，而深圳航空也继国航之后，成为被星空联盟吸收为成员的第二家国内航空公司。国内航空公司陆续入盟，不仅再次成为议论的话题，也让人们看到"走出去"已经成为国内航空公司不可逆转的趋势。<br>• 首旅股份3月19日发布年报显示，2012年公司实现营业收入30.41亿元，比上年增长了12.7%。2012年1.85亿元利润，利润的主要来源为酒店和景区板块，其中酒店板块实现利润1.2亿元，占比65.27%；景区板块实现利润7363万元，占比39.9%。 |

## 五、结论和建议

总体来说，综合旅游企业对一季度持乐观的态度，但信心指数较去年上季度有所下降。第一季度，旅游企业的经营状况预期要低于上个季度，虽然人数和接待人数较上期上升幅度较大，营业收入也有所增加，但企业的利润水平和上期持平，这与营业成本的同期上升有很大的关系。综合旅游企业对第二季度和全年旅游业发展的预期乐观，表明进入旅游旺季后，旅游企业的经营信心也有所回升。

### （一）政府层面

近日，国务院办公厅公布《国民旅游休闲纲要（2013—2020年）》，目的是真正落实带薪休假，推动"全民休闲旅游"，预计将对我国旅游市场产生大的影响，真正拉动国民交通、酒店、餐饮、旅行社、演出、购物等上下游产业链的消费，增加客源和利润，为旅游市场和企业带来巨大的机遇。此外，《旅游法》也有望于今年通过审议，并正式施行。在这部法规最新出炉的草案中明确提出，职工有权利用"带薪休假"进行旅游活动。2月26日，国家旅游局发布新版《国内旅游"一日游"合同（示范文本）》，示范文本明确取消"一日游"行程中购物、另行付费项目以及自由活动项目，目的是规范国内的一日游市场。国家旅游局计划在今年完成国家级《旅行社等级划分与评定》标准的研发和发布工作。这一系列文件的发布如果能真正实施，那对中国旅游市场的规范、旅游企业的发展将会带来长远的影响。此外，各地政府也可出台类似北京市的"72小时免签"政策，从全局的角度出发，制定一些能长久实施的优惠政策，综合考虑这些政策带来的蝴蝶效应，刺激当地旅游业的发展。

### （二）企业层面

2012年，出境旅游的迅猛发展、旅游企业的价格战以及移动应用的突飞猛进对旅游企业来说是很大的挑战，中央新兴的"八项规定""六项禁令"出台后，酒店行业遭遇退订潮；对于旅行社来讲，自由行的比例越来越高，已经从小众发展成为旅游的主流，加上在线旅游预订的火热发展，这对传统的旅行社业务来说是很大的挑战。然而《国民旅游休闲纲要》颁发、《国内旅游"一日游"合同（示范文本）》的发布，以及居民周末和节假日期间出游意愿逐渐强烈,对于旅游企业来说又是一个大的机遇。这就要求传统旅游企业加快转型,重新设计和管理营销渠道,借助新兴渠道如社交网站来打开发展的瓶颈;但同时不能放弃传统服务的精髓,优秀的产品服务仍然是旅游企业发展的基石。

# 2013年第二季度旅游集团景气调查报告

全国共有30家综合旅游企业参与了2013年第二季度的调研。此次调研中，从受访企业规模来看，大型企业所占比例最高；从受访企业所在地区来看，华东地区综合旅游企业为本次调研的主体；从受访企业类型来看，国家所有制为综合旅游企业的主要所有制形式，股份制为综合旅游企业的主要组织形式。此外，本次调研兼有一家合资企业和一家外资企业，为方便统计均计入外企。

表3-1 2013年第二季度受访企业规模、地区与类型比重分布

| 企业规模 | | | 企业所在地区 | | | 企业类型 | | | |
|---|---|---|---|---|---|---|---|---|---|
| 小型 | 中型 | 大型 | 华东 | 华中 | 华南 | 国有 | 民营 | 外企 | 股份制 |
| 33.3% | 13.4% | 53.3% | 66.7% | 13.3% | 20.0% | 46.7% | 20.0% | 6.7% | 26.6% |

## 一、综合旅游企业对中国旅游业发展的判断及预期

### （一）对第二季度中国旅游业发展的总体预期

总体而言，绝大部分受访企业对第二季度旅游行业的总体发展持不乐观或中立态度。与2013年第一季度发展预期相比，持"乐观"态度的受访企业比重由原来的50%下降为30%；持"不乐观"态度的企业比重与一季度相比显著上升，达到36.7%；持"一般"中立态度的企业比重与一季度持平；受访企业中没有企业持"非常不乐观"或"非常乐观"态度，对行业发展预期十分谨慎。

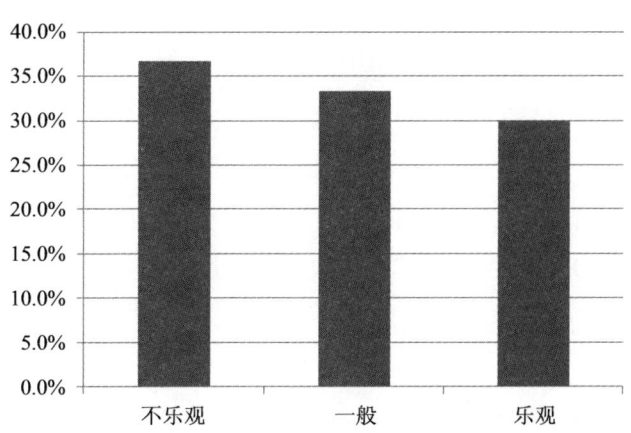

图 3-12　综合旅游企业对 2013 年第二季度旅游行业总体发展形势预期

### (二) 不同规模、地区、类型企业对旅游业发展的预期

从企业规模来看，与今年第一季度企业持"乐观"态度明显不同的是，不同规模的受访企业对第二季度旅游业的发展预期主要集中在"一般"和"不乐观"两种态度上。其中，大企业持"不乐观"态度的比重为 37.5%，比上季度上升二十多个百分点；持"一般"和"乐观"态度的比重分别为 25.0% 和 37.5%，均低于上季度发展预期；75.0% 的中型企业对行业发展预期表现出悲观情绪，均选择"不乐观"态度，另外 25.0% 的中型企业保持"一般"，没有企业保持"乐观"或"非常乐观"态度；小型企业中，50.0% 选择"一般"态度，另外 20.0% 选择"不乐观"，剩下 30.0% 选择"乐观"，相比第一季度，选择"乐观"的比重出现较大幅度的下降且没有企业保持"非常乐观"态度。

从企业所在地区来看，华东地区持"乐观"态度的企业占全部华东地区企业的 40.0%，低于第一季度 56.0% 的比重；其次为持"不乐观"态度的企业，所占比重为 35.0%，持"一般"态度的比重为 20%。就华中地区而言，与上季度相比，持"不乐观"态度的比重由 33.0% 上升到 50.0%，持"一般"态度的比重由 50.0% 下降为 25.0%，持"乐观"态度的比重则出现小幅度上升至 25.0%。从华南地区来看，66.7% 的企业保持"一般"态度，与上季度相比突增约 50 个百分点；持"不乐观"态度的比重也由上季度的零增长为 33.3%，相反上季度持"乐观"和"非常乐观"态度的企业第二季度均持看空的态度。就不同区域而言，华中地区的"不乐观"态度最盛，高达 50.0%，但三大区域对行业预期均持"不乐观"或"一般"的比重均在60.0%以上，华南地区比重更达到百分百，整个市场悲观情绪比较浓厚。

从企业类型来看，股份制企业对于旅游行业发展总体形势的预期态度基本保持"不乐观""一般""乐观"的态度，所占比重分别为25.0%、37.5%和37.5%，其中持"乐观"态度的比重出现较大幅度的下降。7.1%的国有企业对行业发展总体预期表示"乐观"，与第一季度相比下降三十多个百分点；持"一般"态度的比重与上季度几乎相当，为50.0%；持"不乐观"态度的比重则出现大幅度上升，由第一季度的零猛增至42.9%。值得关注的是，民营企业和外企对于行业未来预期的态度均呈现两极化的趋势，要么保持"乐观"态度，要么保持"不乐观"态度。就民营企业而言，持"乐观"和"不乐观"的比重分别为66.7%、33.3%，均比上季度有所上升。就外企而言，持"乐观"和"不乐观"的比重各占50.0%，均高于第一季度，与第一季度中66.7%的企业选择"一般"形成鲜明的对比。民营企业和外企对于行业预期的这种相对两极化的态度也表明，在面对行业的未来发展中，他们以逐渐摆脱"模棱两可"的思想混沌局面，能够更加清晰地判断行业未来的发展走势，不论这种走势好坏与否。

总之，不论是规模、地理位置的差异化，还是组织形式的不同，受访企业对未来行业发展均不看好，主要表现在对未来市场"乐观""非常乐观"态度比重的下降，相反转向保持"不乐观"或"一般"的态度。市场悲观情绪的蔓延反映出旅游企业对行业未来发展信心的缺乏，有必要采取刺激措施鼓励市场发展。

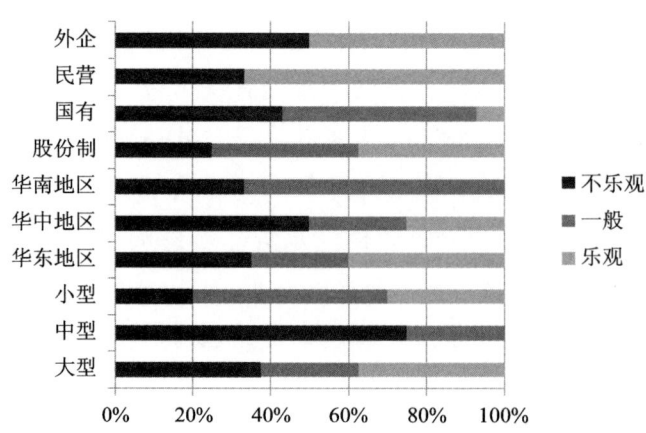

图3-13　2013年第二季度不同规模、区域与类型企业对旅游行业的发展预期

## 二、综合旅游企业对本企业本季度经营情况预期

### (一) 综合旅游企业2013年第二季度经营状况总体预期

调查结果显示,本季度旅游企业对自身经营情况的预期要高于上一季度。与2013年第一季度相比,30.0%的综合旅游企业认为本季度的经营状况会有所下降;认为本季度与上一季度经营持平的受访企业比例下降了17.7%,所占比例为26.7%;另外43.3%的受访企业认为本季度的经营情况要好于上一季度,与第一季度相比约高出十个百分点。与上一季度相同,没有企业认为自身的经营状况会出现较大上升或较大下降。

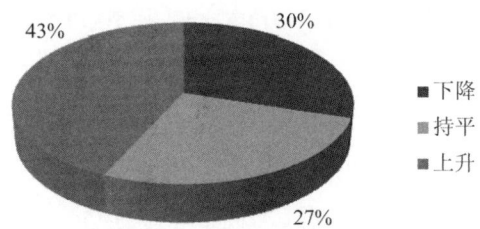

图3 2013年第二季度与2013年第一季度综合旅游企业经营状况预期比较

### (二) 不同规模、地区、类型企业对本企业经营情况的预期

从企业规模来看,大中型旅游企业对本季度经营状况的预期虽以"持平"和"上升"为主,但小型旅游企业的预期偏向"下降"。大型旅游企业中认为经营状况与上季度持平的比例为56.3%,相对高于一季度水平;12.5%的大型旅游企业认为第二季度经营状况与第一季度持平,低于一季度预期约20个百分点;另外31.3%的大型旅游企业认为经营状况会低于一季度。中型旅游企业经营预期中,75%的比例认为第二季度经营预期会远高于第一季度33.3%的比例;另外25.0%则认为经营预期低于第一季度。小型旅游企业则主要认为第二季度经营预期与第一季度会持平,所占比例为60.0%。30.0%的小型旅游企业则认为第二季度经营业绩会下降,仅有10.0%的小型旅游企业认为第二季度经营状况较上季度会有所改善。没有受访企业认为经营状况会出现较大增长和较大下降。

从企业地区分布来看，华中地区旅游企业对第一季度经营状况的预期超过了华东和华南地区，华南地区旅游企业的预期则最低。具体来看，华东地区认为经营状况好于上一季度的旅游企业比例为45.0%，与第一季度相比上升了6.1%；认为经营状况与上季度持平的旅游企业比重为25.0%，下降了30.6%；另有30.0%的企业认为第二季度的经营状况要低于上一季度。对于华中地区的企业来说，认为经营状况有所改善的企业比例由上季度的0猛增至75.0%，比例增长的幅度相当可观；另有25.0%的企业则认为经营状况不如上一季度；没有企业认为经营状况与第一季度持平，也没有受访企业认为经营状况会出现较大增长和较大下降。

从企业类型来看，第二季度所有类型的企业预期经营状况有所上升。其中，股份制企业认为经营状况较上季度上升的比例为50.0%，较第一季度上升了十个百分点；认为经营状况持平和下降的比例均为25.0%。国有企业中认为与第一季度相比经营状况上升的比例为35.7%，略高于上季度水平；28.6%的国有企业认为第一季度的经营状况和上期持平；认为经营状况低于上季度的比例为35.7%，高出上一季度十个百分点。就民营旅游企业而言，和上季度相比，50.0%认为经营状况会上升，比例有小幅增加；16.7%的民营企业认为第二季度经营状况会持平，低于上季度20.0%的水平；另外33.3%的民营企业认为会下降。本季度外资企业对经营状况的预期有明显改变，认为本季度经营"上升"和"持平"的比例各为50.0%；没有企业认为经营状况会下降。

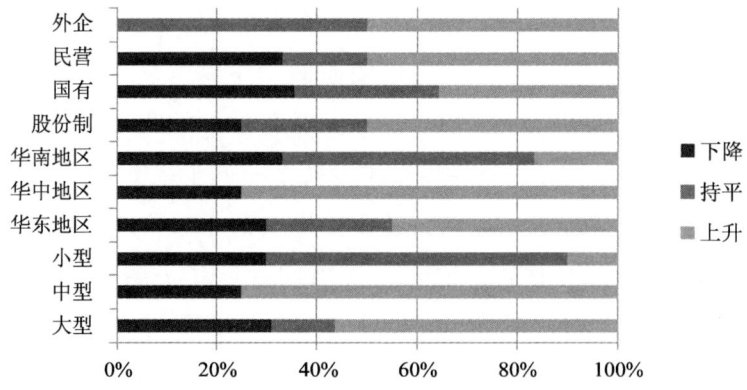

图3-15  2013年第二季度不同规模、地区、类型企业对本企业经营情况的预期

## 三、具体经营指标分析

总体而言，2013年第二季度旅游企业具体经营情况相关的九项指标的运行与第一季度相比，"持平"仍然占主要比例，乐观预期要小于上一季度。与企业收入相关的指标预期"增加"的比重在降低，收入"减少"的预期比重有所提升；另一方面与企业成本相关的指标则预期"增加"，这就反映旅游企业预期利润增加的信心缺乏。

### （一）企业具体经营指标分析

以就业情况的两项指标——从业人员数和员工工资来看，多数受访企业认为从业人员数量以及员工工资与去年第一季度持平。其中，认为从业人员数量持平的企业比例为53.3%；30.0%的受访企业会认为从业人员数有所增加；有16.7%的企业认为本企业从业人数会下降。认为员工工资与上季度持平的企业比例与上季度相当，接近60%的比例；33.3%的受访企业员工工资会增加，略低于第一季度水平；另外10.0%的受访企业认为员工工资会减少。

从企业绩效的四个指标——营业收入、营业成本、产品价格和利润水平来看，受访企业认为营业收入、营业成本、产品价格和利润水平四项指标均会持平，或出现较小范围的波动。在营业收入方面，认为营业收入会高于去年同期的比例由上季度的56.7%下降到33.3%；有40.0%的企业认为营业收入会与去年同期持平，认为营业收入减少的比例则上升至26.7%，高于上季度十多个百分点。在营业成本方面，一半的受访企业认为营业成本与去年同期持平；超过四成的受访企业认为营业成本会增加；只有不到一成的受访企业认为营业成本会有所下降。在产品价格方面，认为第二季度产品价格水平与去年同期持平的比例由73.3%波动至76.6%，变化幅度相对较小；认为产品价格下降和增加的比例分别为6.7%和16.6%。在利润水平方面，受访企业中认为利润水平与去年同期持平的比例由60.0%下降至43.3%；20.0%的受访企业认为利润水平会出现增加，较上季度减少了16.7个百分点；另外36.7%的受访企业认为第二季度利润水平会低于去年同期，这一比例远高于第一季度3.3%的调查结果。受访企业认为这四项经营指标出现较大减少或较大增加的比重为0。

从企业规模的三项指标——预订人数、接待人数、固定资产投资情况看，第二季度认为预订人数、接待人数增加和固定资产投入方面均低于去年同期水平，受访企业态度十分谨慎。具体来看,在预订人数方面,有36.7%的受访企业认为预订人数出现下降趋势;33.3%的受访企业认为预订人数与去年同期持平;30.0%的受访企业认为预订人数会上升。受访企业对于第二季度预订人数预期的三种状况比例相当,即表明对市场很大程度的不确定性。在接待人数方面,与上季度43.3%的比例相比,仅有23.3%的企业认为接待人数有所增加;认为接待人数与上期持平的比例为33.3%,低于第一季度40.0%的水平;另外有43.4%的受访企业认为接待人数少于去年同期,与上季度16.7%的比重相比增幅较大。在固定资产投入方面,53.3%的受访企业认为对固定资产的投入与去年同期持平,与第一季度水平一致;增加固定资产投入的企业比例由上季度的40.0%降到30.0%;16.7%的受调查企业认为固定资产投资少于去年同期,这一比例较第一季度上升了十个百分点。

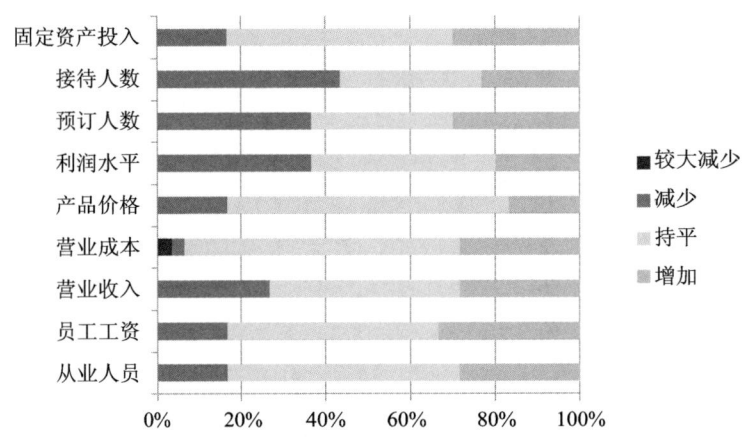

图3-16 2013年第二季度与第一季度相比综合旅游企业经营指标变动情况

### (二) 不同规模、地区、类型企业具体经营指标分析

从企业规模看,第二季度不同类型旅游企业预期增加的比例与上季度相比有较大幅度的下降,预期持平或下降的比例都有所增加,预期下降的比例较大。综合来讲,大型旅游企业和小型旅游企业对经营状况的预期要好于中型旅游企业。受访旅游企业对就业情况相关指标——从业人员数和员工工资的预期中,五成的中型企业认为从业人员较去年会增加,相反大型企业和小型企业认为从业人员数会增加的比例均不足三成;全部的中型企业认为员工工资较去年会持平,而大型企业和小型企业持此种态度的比例均不足六成。从企业绩效的四个

指标——营业收入、营业成本、产品价格和利润水平来看，大、中、小型企业较去年同期增加的比例与上季度比较均有所下降，尤其是中型企业下降的幅度高达六成以上；五成的中型企业认为预订人数较去年同期会下降，大型和小型旅游企业认为预订人数会下降的比例为37.5%和30.0%；产品价格方面，几乎所有的大型、中型和小型企业都认为本季度产品价格与去年同期相比会持平。利润水平方面，中、小型企业认为与去年同期相比会下降的比例高达50%，仅有大型企业预期相对偏好，但这一受访结果与上季度相比也出现了较大幅度的下降。在反映企业规模变化的固定资产投入、预订人数与接待人数三项指标中，对于预订人数的预期，与上季度相比认为增加的比例平均下降两成，尤其是中型企业下降的比例为66.7%，说明中型企业对于市场前景最为担忧；超过七成的受访旅游企业认为第二季度旅游接待人数较去年同期有所下降，相比大、小型企业认为旅游接待人数较去年同期增加的比例均不足30%。对于固定资产投资，三种规模的旅游企业均以持平或增加为主，这一比例均在五成以上，特别是大型和小型企业预期增加的比例接近90%，这也表明投资在旅游企业发展中的地位举足轻重。

从不同区域的旅游企业来看，受访的华中地区企业超过七成增加了对固定资产的投入，比例要远高于华东、华南地区，多数华中、华南地区的企业对固定资产的投入以持平为主；从预订人数和接待人数来看，除华东地区较去年同期有较大比例的增幅外，华中或华南地区以减少或持平为主；华南地区与上季度相比预期下降幅度最大，认为预订人数较去年同期增加的比例下降至16.7%，比上季度减少了50%；另外接待人数较去年同期相比增加的比例为0，而上季度这一比例高达83.3%。在其他反映就业情况与企业绩效的六个指标中，华东、华中、华南地区均认为从业人员、员工工资水平以持平和增加为主，但与上季度相比预期增加的比例也有一定幅度的较少；在营业收入和利润水平方面，华中地区预期较为悲观，受访企业中认为减少的比例均在七成以上，相比其他两个区域预期以持平和增加为主；产品价格方面，三地区受访旅游企业认为持平的比例均在75%以上，其中华东、华中地区对于产品价格的预期与上季度相近，但华南地区与上季度预期相比则有较大幅度的变动，比如预期增加的比例下降了三成以上，而预期持平的比例则相应增加了30%以上。

在不同的经营指标上，不同类型企业表现也各不相同，但整体与上季度预期相比有所下降。受访旅游企业对就业情况相关指标的预期中，几乎所有的受

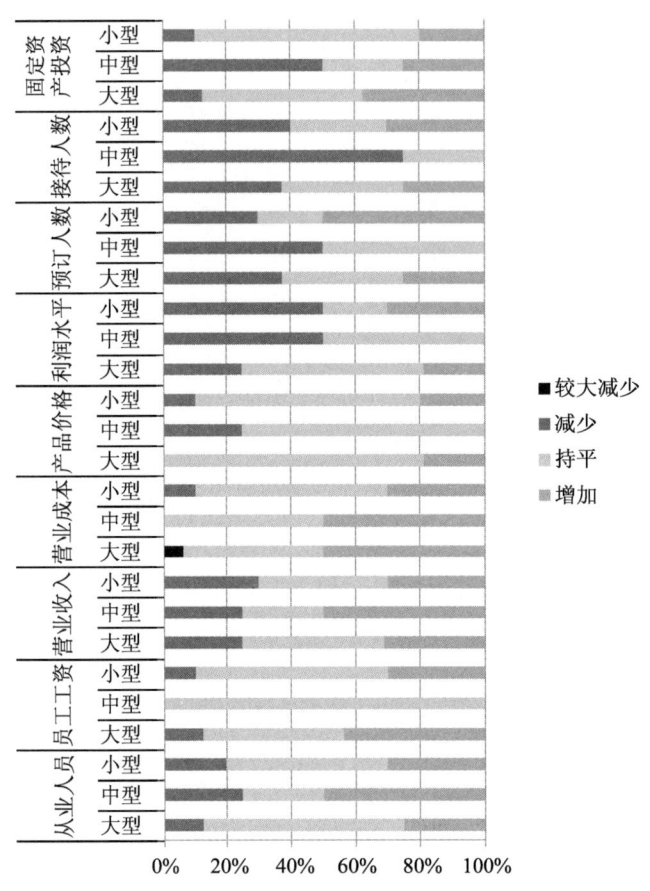

图 3-17 2013 年第二季度不同规模的综合
旅游企业同比经营指标变动情况

访企业都认为从业人员数量和员工工资水平都会增加；受访股份制企业和国有企业中也仅有不超过两成持减少态度。对于反映企业规模的固定资产投入、接待人数和预订人数三项指标中，四种类型的旅游企业均认为固定资产的投资以增加或持平为主，这一比例最低在七成以上，最高比例的外资企业中达到了百分之百；关于预订人数和接待人数的预期中，外资企业的预期最高，持"增加"的比例达到了百分之百，这一预期比上季度增加了近七成；其他三种性质的企业对于这两种指标的预期，大体而言持"减少""持平"和"增加"的比例各占1/3。在反映企业经营绩效的产品价格、营业收入、营业成本和利润水平上，50%的股份制企业认为产品价格较去年同期增加，全部的民营企业和外

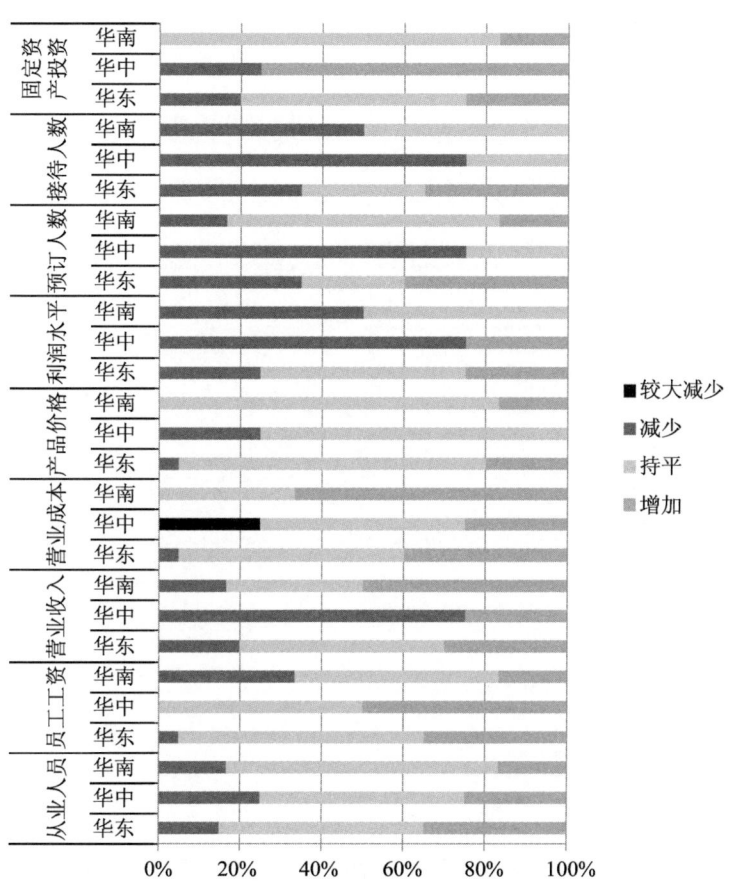

图 3-18 2013 年第二季度不同区域的综合
旅游企业同比经营指标变动情况

企认为持平，接近八成的国有企业也认为持平。同样，几乎全部的受访旅游企业认为营业成本以持平和上升为主。营业收入和营业利润方面，外资企业的预期明显好于国有企业、民营企业和股份制企业，全部外资企业认为第二季度与去年同期相比有所增加；国有企业和股份制企业对于第二季度的预期则均匀分布于减少、持平和增加之间，比例相当；超过80%的民营企业则认为本季度利润水平有所增加。

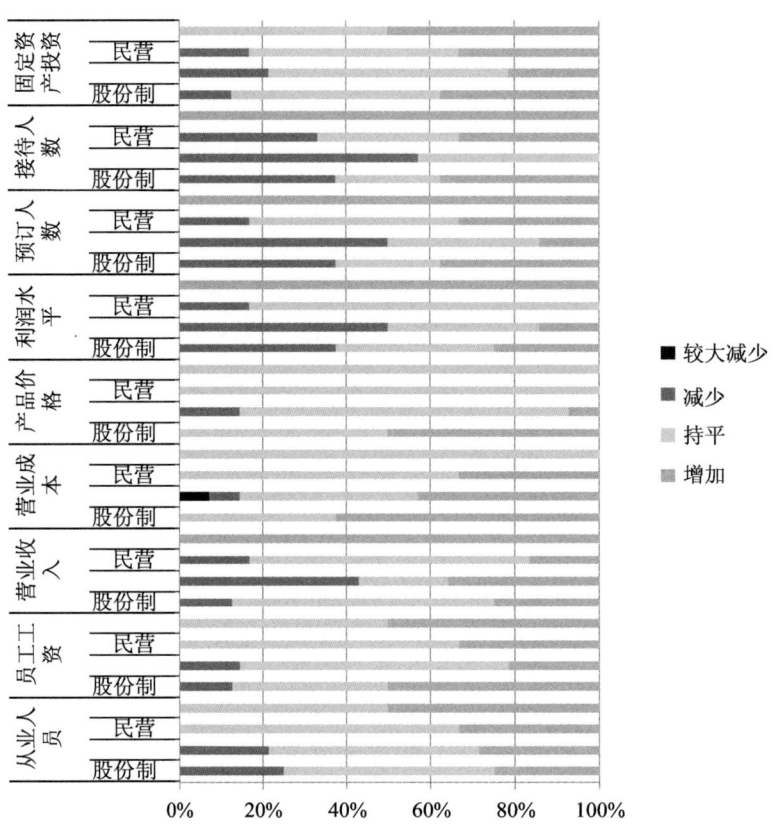

图3-19 2013年第二季度不同类型的综合旅游企业同比经营指标变动情况

## 四、第二季度综合旅游企业大事件一览表

| 2013年4月 | • 开元旅业集团成功收购一家位于德国奥芬巴赫的酒店，拟将酒店改造成一间融入中国文化特色的高档商务酒店。<br>• 百度、高瓴资本、纪源资本已完成对去哪儿网的新一轮投资，投资总作价5700万美元（约合3.5亿元人民币）。<br>• 在线旅游社区蚂蜂窝宣布获得1500万美元B轮融资，继续发力商业模式创新和移动互联网布局。 |
|---|---|

续表

| | |
|---|---|
| 2013年5月 | • 中青旅投70亿元打造航母型旅游文化综合体。绍兴县与中青旅控股股份有限公司签订了齐贤旅游文化综合体项目合作框架协议。根据此协议，中青旅将投资70亿元，在绍兴县齐贤镇打造一个规模庞大而又有绍兴特色的旅游文化综合体。<br>• 中国最大灾难主题公园落户北京。中华社会救助基金会等机构与北京市房山区十渡镇政府22日签约，拟投资35亿元人民币打造中国最大的灾难主题公园。据介绍，新方舟基地项目是中国最大的灾难主题公园，建成后将通过科学普及、休闲体验和灾难教育相结合的形式，提高游客的防灾减灾意识。<br>• "2013四川重点旅游招商项目推介活动"5月27日在杭州站举行。四川旅游推介项目既有国家和四川省重点扶持的"4·20"芦山地震灾区旅游恢复提升项目，也有非灾区旅游综合体和旅游新业态项目，涉及旅游基础设施、公共服务设施、综合开发、景区打造、酒店开发、乡村旅游、文化旅游、红色旅游、自驾旅游、旅游商品等多个领域，总投资约1017亿元，拟引资880亿元。<br>• 海南航空股份有限公司5月30日晚公告称，将对天津航空有限责任公司等3家公司大笔增资，以扩大主营业务规模，增资总额达到了25.97亿元。公告显示，海南航空拟对天津航空现金增资16.8亿元（12亿股），将其注册资本增至56亿元，增资后海南航空对其持股比例将达30.7%。 |
| 2013年6月 | • 金陵饭店6月5日晚间公告，南京伯藜置业管理有限公司（简称伯藜公司）持有公司控股子公司新金陵饭店49%的股权，拟将其中25%的股权转让陶欣伯基金会，股权转让价格为2.98亿元。公司放弃该股权的优先受让权。<br>• 万达集团斥资400亿元打造的南昌万达文化旅游城于6月18日举行奠基仪式，预计2015建成投入使用。该项目建于南昌九龙湖新区，占地近300公顷，总建筑面积475万平方米，总投资约400亿元人民币。项目规划有大型电影乐园、电影城、海洋乐园、主题公园、商业中心、酒店群等世界级业态。其中万达城商业中心建筑面积16万平方米，是整个文化旅游城的主轴线。<br>• 浙江开元酒店投资管理集团有限公司2.98亿美元等值贷款已获得的认购额较最初融资目标高出约40%。该交易包括4亿元人民币（6500万美元）三年期境内再融资贷款，以及2.33亿美元境外贷款。 |

## 五、结论和建议

总体来说，综合旅游企业对第二季度经营状况持谨慎乐观的态度，信心指数与一季度相比有较为明显的下降。即使第二季度旅游业已进入销售旺季，综合旅游企业的经营状况却无明显改观，甚至延续下行态势。究其原因，一方面第二季度旅游企业运营的不景气主要受预订人数、接待人数规模的影响，企业收入水平和利润水平均有所下滑；另一方面经营成本的持续上升和固定资产投资的增加加剧了企业运营的压力。结合旅游行业发展现状和企业发展实际，对旅游企业的经营发展提出以下参考性建议：

**（一）《旅游法》的出台对综合旅游企业来说既是一次挑战也是一场机遇。**

《旅游法》将从根本上整肃市场秩序，改变旅游市场格局，为旅游企业创造公平竞争的市场环境。一方面，旅游景区提价空间不足和接待量瓶颈的压力明显，向非门票经济转型是必然趋势；旅行社不得强制安排购物或自费景点，营业收入重要来源的"灰色收入"将成为历史，未来面临的盈利挑战严峻。另一方面，规范的行业秩序也将降低经营风险，长期来看有利于企业的良性发展；具备品牌优势和经营能力的龙头企业将有更大的竞争优势。旅游政府部门出台刺激政策鼓励旅游企业发展，引导综合旅游企业准确把握行业未来走势，意义深远。

**（二）根据市场格局的变化制定新的发展战略。**

综合旅游企业的发展几乎涉及旅行社、旅游景区、旅游交通、旅游酒店的方方面面，"大而全"的发展现状削弱了企业的市场竞争力，综合旅游企业的发展应该把握核心竞争优势，运用"以点带线，以线带面"的思路，准确实现企业的一体化发展，并有效实现企业各业务板块之间的协调效应。

**（三）合理调整旅游综合企业的资产结构。**

旅行社是"轻资产"行业，旅游景区、旅游酒店等则是"重资产"行业，过高比例的"轻"资产和过高比例的"重"资产都加剧了企业的财务风险。综合旅游企业在发展过程中应当寻找"轻""重"资产均衡点，降低财务风险。

**（四）精益化经营，严格控制投资规模。**

二季度的调研报告表明了较高的生产成本对于企业经营的压力。成本困境是企业改革的方向，综合旅游企业应该充分运用精益化经营方式，严格控制生产成本和投资规模以实现利润的增加。

# 2013 年第三季度旅游集团景气调查报告

## 一、总体判断

2013 年第三季度我国旅游经济运行保持平稳良好的发展态势。与 2013 年第二季度相比，持乐观预期的旅游综合企业的比例有明显上升趋势。具体表现在以下几个方面：

（1）旅游综合企业信心指数明显上升。相比上个季度，旅游综合企业持乐观态度的比例显著上升，近五成的受访旅游综合企业对第三季度旅游行业总体发展形势持乐观或非常乐观的态度。同样，超过 1/3 的受访企业对 2013 年我国旅游业全年的发展预期持乐观的态度。

（2）从旅游综合企业的经营状况方面看，与今年第二季度相比，只有少数企业认为第三季度企业经营业绩会出现下降的趋势，七成旅游企业认为第三季度企业经营业绩会有明显的上升趋势。

（3）从旅游综合企业的规模来看，三种类型的旅游企业对本季度旅游行业的发展预期均较为乐观。其中，中型旅游企业对本季度旅游行业的发展预期持乐观态度的比例最高；而小型旅游企业对今年旅游行业发展预期持乐观态度的比例要明显高于大型和中型旅游企业。

（4）从旅游综合企业的类型来看，除股份制企业和外资企业以外，其他类型的受访企业对第三季度旅游行业发展的乐观预期相对较低，其中股份制企业持乐观预期态度的比例最高，其次是外资企业，国有企业最低。

（5）从旅游综合企业的地理区位来看，西部地区的旅游企业对第三季度和今年旅游行业发展的乐观预期均最高，而东部地区的旅游企业对第三季度旅游行业发展的乐观预期最低，中部地区的旅游企业对今年旅游行业发展的乐观预期最低。

（6）从旅游企业经营状况的九项指标看，预订人数和接待人数两项指标涨幅较大，而其他各项指标则均以持平为主。

## 二、第三季度旅游综合企业景气分析

全国共有30家旅游综合企业参与了2013年第三季度的调研。此次调研从受访企业的企业规模来看，大型企业占到2/3；从受访企业所在地区来看，东部地区上年旅游综合企业为本次调研的主体；从受访企业的企业类型来看，股份制企业和国有企业为本次受访企业的主要类型。特别说明，本次受访企业中兼有一家合资企业和一家外资企业，为方便统计均计入外企。

表3-3　2013年第三季度受访企业规模、地区与类型比例分布情况

| 企业规模 | | | 企业所在地区 | | | 企业类型 | | | |
|---|---|---|---|---|---|---|---|---|---|
| 小型 | 中型 | 大型 | 东部 | 中部 | 西部 | 国有 | 私营 | 外企 | 股份制 |
| 20% | 13.3% | 66.7% | 60% | 16.7% | 23.3% | 30% | 26.7% | 6.7% | 36.7% |

### （一）旅游综合企业对中国旅游业发展的判断及预期

1. 对第三季度中国旅游业发展的总体预期

总体而言，半成的受访企业对2013年第三季度旅游行业的总体发展持乐观和非常乐观的态度。与2013年第二季度发展预期相比，持"乐观"态度的受访企业比例显著上升，由原来的30%上升到46.7%；而持"不乐观"态度的受访企业的比例则由原来的36.7%下降为10%，下降了将近二十七个百分点；持"一般"中立态度的受访企业比例相较第二季度也有了一定程度的上升，为40%；另外，相较第二季度，第三季度中还有3.3%的受访企业持"非常乐观"的态度。可见相较第二季度，第三季度旅游综合企业对中国旅游业的发展持较为乐观的预期。

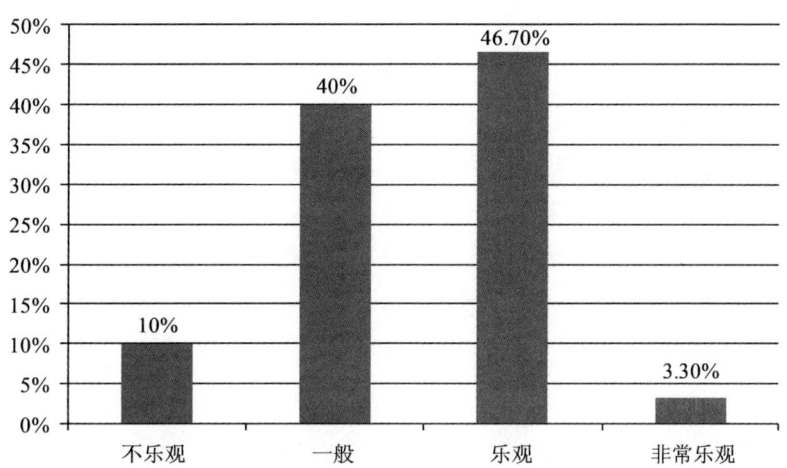

图3-20 旅游综合企业对2013年第三季度旅游行业总体发展形势预期

2. 不同规模、地区、类型企业对旅游业发展的预期

(1) 从企业规模来看，与第二季度企业持"一般"和"不乐观"态度明显不同的是，不同规模的受访企业对第三季度旅游业的发展预期主要集中在"一般"和"乐观"两种态度上。其中，中型企业对第三季度行业发展预期持"乐观"态度的比例为75%，比上季度上升了七十五个百分点，有25%的中型企业持"一般"态度与上季度持平，无中型企业表现出"不乐观"或者"非常不乐观"的态度；大型企业对第三季度行业发展预期主要集中于"一般"和"乐观"两种态度上，其中持"一般"态度的比例由上季度的25%上升到50%，而持"不乐观"态度的比例则由上季度的37.5%下降为10%；小型企业持"乐观"和"非常乐观"态度的比例相较上季度有了显著的上升，其中持"乐观"态度的比例由上季度的30%上升为50%，持"非常乐观"态度的比例由上季度的0上升为16.6%，而持"不乐观"态度的比例与上季度基本持平。

(2) 从企业所在地区来看，西部地区的企业对第三季度的行业发展预期仅分布在"一般"和"乐观"两个态度上，持"乐观"态度的企业占西部地区企业的71.4%，比上季度上升了约七十个百分点；持"不乐观"态度的企业由上个季度的33.3%下降为0。中部地区的情况与西部地区类似，中部地区的企业对第三季度的行业发展预期也仅分布在"一般"和"乐观"两个态度上，其中持"乐观"态度的企业由上季度的25%增加到60%，上升了三十五个百分点；

持"一般"态度的企业也由上季度的25%上升到40%,而持"不乐观"态度的比例则由上季度的50%下降为0。就不同区域而言,东部地区相较上季度变化幅度不是特别大,其中持"不乐观"态度的企业比例由上季度的35%下降为16.7%,而持"一般"态度的比例则由上季度的25%上升为44.4%,最明显的是有5.6%的东部地区企业持"非常乐观"的态度,这在上季度是0。可见,中、西部地区对第三季度的旅游行业的发展预期持看好态度。

(3)从企业类型来看,股份制企业对第三季度行业发展预期集中分布在"乐观"和"一般"态度上,相较第二季度,持"乐观"态度的比例大幅度上升,从上季度的27.3%上升为72.7%,而持"不乐观"态度的比例则由上季度的18.2%下降为9.1%。国有企业对第三季度行业发展集中分布在"一般"态度上,持"一般"态度的企业比例由上季度的36.4%上升为55.6%,增加了将近二十个百分点;另外相较上季度,第三季度持"不乐观"态度的企业比例显著下降了,由上季度的54.5%下降为22.2%。值得关注的是,第三季度外资企业和私营企业呈现相同的分布,两者持"一般"态度的企业比例均为50%,持"乐观"或"非常乐观"的态度也相同,均为50%,与上季度50%的外企、33.3%的私营选择"不乐观"形成了鲜明的对比。

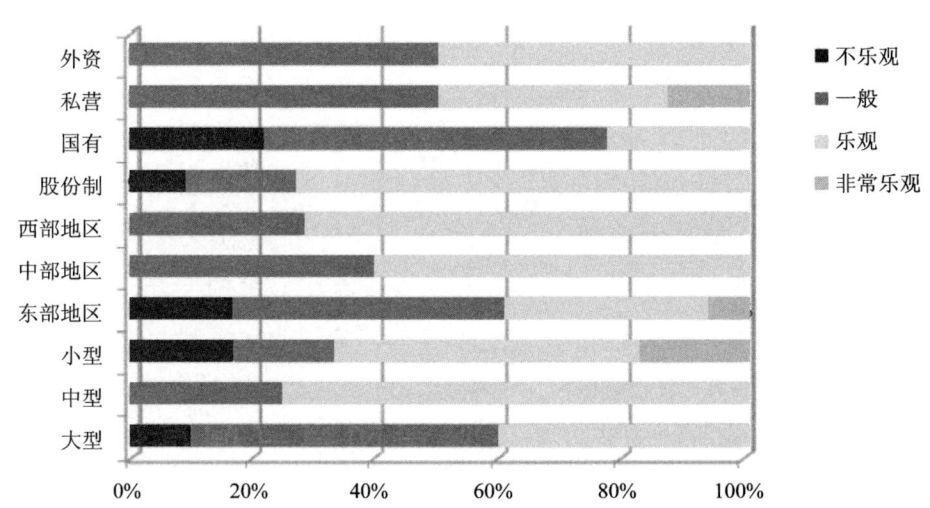

图3-21 2013年第三季度不同规模、区域与类型企业对旅游行业的发展预期

总之,不论是规模、地理位置的差异化,还是企业性质的不同,受访企业对行业发展预期均持看好的态度,主要表现为对行业发展"乐观""非常乐观"

比例的显著上升，相反持"不乐观"态度的企业比例则不断下降，旅游企业对行业发展信心十足。

（二）旅游综合企业对本企业、本季度经营情况预期

1. 旅游综合企业 2013 年第三季度经营状况总体预期

调查结果显示，本季度旅游企业对自身经营状况的预期要高于上季度。与 2013 年第二季度相比，70%的旅游综合企业认为本季度的经营状况会有所上升，相较上个季度上升了将近三十个百分点；另外，认为本季度比上季度经营状况下降的受访企业比例下降了约 27%，所占比例仅为 3.3%；而约 27%的旅游综合企业认为本季度的经营状况与上季度基本持平。无企业认为自身的经营状况相较上季度会出现较大上升或较大下降。

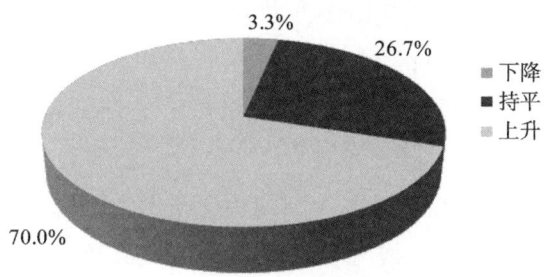

图 3-22　2013 年第三季度与第二季度旅游综合企业经营状况预期比较

2. 不同规模、地区、类型企业对本企业经营状况的预期

（1）从企业规模来看，无论是大型、中型还是小型旅游企业对本季度经营状况的预期均以"上升"为主，尤其是小型企业。大型旅游企业中认为本季度经营状况会高于上季度的比例为 65%，相较第二季度的 56.2%略高；30%的大型旅游企业认为第三季度的经营状况与上季度持平，相对高于第二季度的 12.5%；而大型旅游企业中认为第三季度的经营状况会低于上季度的比例则由上季度的 30%降为 5%。中型企业和小型企业的分布情况类似，均集中分布于"上升"和"持平"上。75%的中型企业认为第三季度的经营状况会高于上一季度，与上季度持平；而认为第三季度的经营状况会低于上一季度的中型企业比例则由上季度的 25%下降为 0。小型企业中有 83.3%的企业认为第三季度的经营状况会高于上一季度，这一比例显著高于上一季度约七十个百分点；小型

企业中认为第三季度的经营状况低于上一季度的比例由上季度的30%降为0，足足下降了三十个百分点。没有受访企业认为第三季度经营状况会出现较大增长或较大下降。

（2）从企业地区分布来看，西部地区旅游企业对第三季度经营状况的预期超过了中部和东部地区。具体来看，西部地区有85.7%的旅游企业认为第三季度的经营状况会高于上一季度，这一比例高于上季度六十九个百分点；西部地区旅游企业中认为第三季度的经营状况会低于上一季度的比例由上季度的33.3%下降为0。中部地区的旅游企业对第三季度的经营状况预期分布在"上升"和"持平"上，60%的中部旅游企业认为第三季度的经营状况会高于上一季度，这一比例比上一季度低了十五个百分点；中部地区中认为第三季度经营状况低于上一季度的企业比例则由上季度的25%降为0。东部地区旅游企业对第三季度经营状况的预期相较上季度变化不大，66.6%的旅游企业认为第三季度经营状况会高于上一季度，相较上季度的45%上升了将近二十个百分点；认为第三季度与上季度持平的企业比例为27.8%，这一比例与上季度基本持平；认为第三季度会低于上季度的企业比例则由上季度的30%降为5.6%。各地区没有企业认为第三季度的经营状况会出现较大上升或较大下降。

（3）从企业类型来看，除外资企业与上季度持平外，第三季度其他类型的企业对经营状况的预期都有所上升。股份制企业中认为第三季度企业经营状况会高于上一季度的比例为81.8%，较上一季度上升了二十七个百分点；认为第三季度经营状况会低于上一季度的企业比例由上季度的18.2%下降为0。就国有企业而言，认为第三季度经营状况会低于上一季度的比例由上季度的45.5%下降为11.1%，下降了约三十个百分点；44.5%的国有企业认为第三季度经营状况会高于上一季度，这一比例显著高于上季度的27.2%；44.4%的国有企业认为第三季度经营状况会与上季度持平，这一比例同样显著高于上季度的27.3%。私营企业中认为第三季度经营状况会高于上季度的比例高达87.5%，这一比例显著高于上季度的50%；0的私营企业认为第三季度经营状况会低于上一季度，相较上一季度这一比例下降了约三十三个百分点。

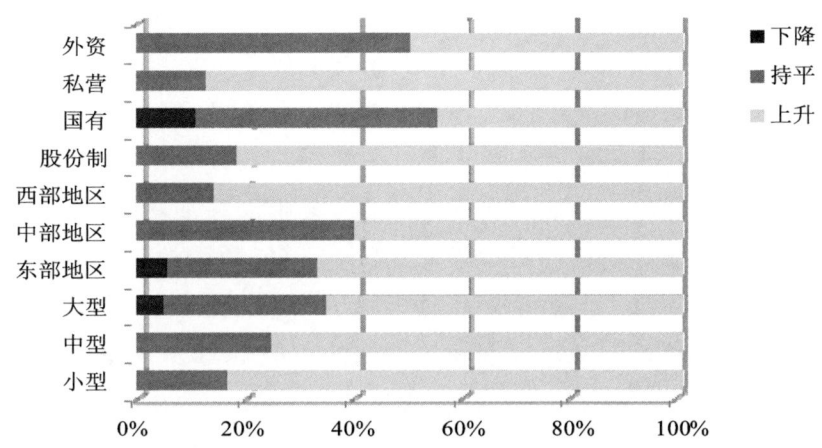

图 3-23 2013 年第三季度不同规模、地区、
类型企业对本企业经营情况的预期

### （三）具体经营指标分析

总体而言，2013 年第三季度与旅游企业具体经营情况相关的九项指标的运行与去年同期相比，仍旧以持平和增加为主，但是乐观预期要高于上一季度。其中，受访企业中认为接待人数和预订人数增加的比例最高，其次是员工工资，相反认为利润水平减少的比例最大，其次是接待人数和预订人数。

1. 企业具体经营指标分析

（1）从就业情况的两项指标——从业人员数和员工工资来看，大部分受访企业认为从业人员数量以及员工工资水平与去年同期持平。其中，认为从业人员数量持平的企业比例为 63.3%；33.4% 的受访企业认为第三季度的从业人员数会有所增加，仅有 3.3% 的受访企业认为本企业从业人员数会下降。另外，认为员工工资水平与去年同期持平的企业比例与上季度相当，达到了 60% 的比例；36.7% 的受访企业认为员工工资会有所提高，略高于上一季度水平；另外，仅有 3.3% 的受访企业认为员工工资会减少。

（2）从企业绩效的四个指标——营业收入、营业成本、产品价格以及利润水平来看，半成的受访企业认为以上四项指标与去年同期相比均会持平，仅会出现较小范围的波动。在利润水平方面，仅有 13.3% 的受访企业认为利润水平会高于去年同期，低于上季度的 20%；超过半成的受访企业认为利润水平会与去年同期持平；另外有 26.7% 的受访企业认为利润水平会有所下降，相较上季度下降了十个百分点。在营业成本方面，33.3%的受访企业认为营业成本与去年同期相比会有所增加，这一比例相较上季度下降了十个百分点；超过半成的受访企业认为营业成本与去年同期相比会持平；仅有3.3%的受访企业认为营业成本会下降，这一比例与上季度持平。在营业收入方面，接近1/3的受访企业认为与去年相比会有所增加；53.3%的受访企业认为与去年相比营业收入会持平，这一比例高于上季度十几个百分点；16.7%的受访企业认为营业收入与去年同期相比会下降，与上季度相比下降了十个百分点。在产品价格方面，认为第三季度产品价格与去年同期相比增加的比例由16.7%上升为20%，变化幅度相对较小；76.7%的受访企业认为产品价格与去年同期相比会持平，这一比例与上季度持平；仅有3.3%的受访企业认为会下降，略低于上一季度的水平。由此可见，第三季度旅游综合企业对本企业的营业状况持相对保守的态度。

（3）从企业规模的三项指标——预订人数、接待人数和固定资产投资情况来看，第三季度认为接待人数和预订人数增加的企业比例增幅明显，但在固定资产投资方面却相对谨慎。具体来看，在固定资产投资方面，30%的受访企业认为固定资产投资会有上升的趋势，这一比例与上季度持平；超过半成的受访企业认为固定资产投资与去年持平；仅有3.3%的受访企业认为固定资产投资会出现下降的趋势，这一比例相较上季度下降了十几个百分点。在接待人数方面，相较上季度，3.3%的受访企业认为接待人数与去年同期相比会有较大增加；超过半成的受访企业认为接待人数会增加，显著高于上一季度的23.3%；另有20%的受访企业认为接待人数与去年同期相比会出现下降的趋势，这一比例相较上季度低了二十几个百分点。在预订人数方面，第三季度的分布情况与接待人数分布的情况相同，56.6%的受访企业认为预订人数与去年同期相比会增加或较大增加，显著高于上一季度；认为预订人数与去年同期相比会下降的企业比例为20%，低于上季度的36.7%。综合表明，第三季度旅游企业对预订人数和接待人数两方面持相对乐观的态度，而对固定资产投入方面持相对保守的态度。

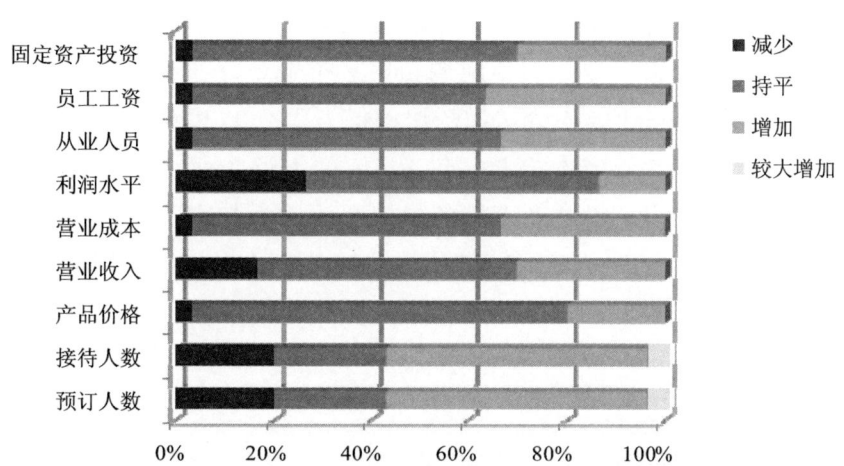

图 3-24　2013 年第三季度与去年同期相比旅游综合企业经营指标变动情况

2. 不同规模、地区、类型企业具体经营指标分析

（1）从企业规模方面来看，第三季度不同类型的旅游企业预期增加的比例与上季度相比有较小幅度的波动，其中认为接待人数和预订人数增加的企业比例有显著上升的趋势。综合来讲，小型旅游企业对经营状况的预期要好于中型和大型旅游企业。受访旅游企业对就业情况相关指标——从业人员人数和员工工资的预期中，75％的中型企业认为员工工资相较去年同期会增加，而大型企业和小型企业认为员工工资会上涨的比例不足五成；超过半成的大、中、小型企业认为从业人员与去年会持平，25％的中型企业认为从业人员比去年会减少，而大型企业和小型企业认为从业人员会下降的比例为0。在反映企业规模变化的固定资产投资、预订人数和接待人数三项指标中，对于固定资产投资的预期，三种规模的企业认为固定资产投资相较去年同期会增加的企业比例同上季度相比仅有小幅度的波动；超过半成的三种规模的企业认为固定资产投资同去年相比会持平，仅有5％的大型企业认为固定资产投资会减少，相较上季度有了明显的下降。预订人数方面，超过半成的三种规模企业认为预订人数与去年同期相比会有所增加，这一比例相较上季度有了显著的增加；半成的中型企业认为预订人数会呈现下降的趋势，这一比例与上季度持平。接待人数方面，三种规模的企业中有超过半成的认为与去年同期相比接待人数会增加，相较上个季度有了显著的增加，这意味着三种规模的企业对未来行业的发展比较有信心。从反映企业绩效的四个指标——营业收入、营业成本、产品价格和利润水平来看，

大、中、小型企业较去年同期增加的比例与上季度相比仅有小幅度的变动，绝大部分三种规模的企业认为与去年同期相比会持平。营业收入方面，中型企业认为与去年同期相比营业收入会增加的比例仅为25%，相较上季度的50%下降了二十五个百分点；营业成本方面，仅有5%的大型企业认为与去年同期相比会减少；利润水平方面，超过1/4的各规模企业认为与去年同期相比会出现下降的趋势；产品价格方面，仅有16.7%的小型企业认为与去年同期相比产品价格会下降。

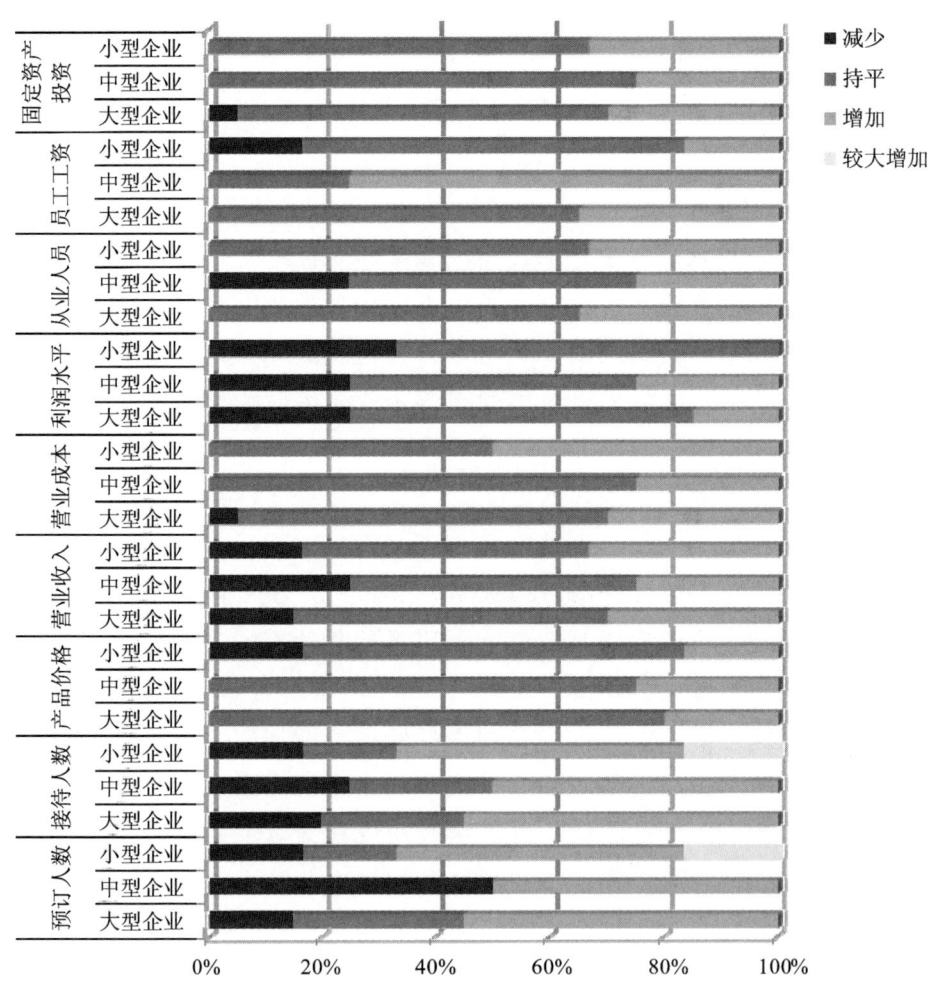

图3-25　2013年第三季度不同规模的旅游综合企业经营指标同比变动情况

（2）从不同地区的旅游企业来看，除利润水平、营业收入、接待人数和预订人数这四项指标外,东、中、西部地区的其他各项指标均以持平和增加为主。具体来说,在反映企业规模的固定资产投入、预订人数以及接待人数这三个指标中,三大地区中都有超过半成的企业认为固定资产投资与去年同期相比会持平,仅有5.6%的东部地区企业认为固定资产投资会减少;在预订人数和接待人数方面,西部企业和东部地区有超过六成的企业认为与去年同期相比预订人数以及接待人数会呈现上升的趋势,而60%中部地区企业认为预订人数会减少,40%中部企业认为接待人数会减少,但是与上季度相比,东中西部地区的企业在预订人数和接待人数方面更要乐观些。在其他反映就业情况和企业绩效的六个指标均以持平为主,尤其是产品价格。在从业人员方面西部地区企业认为增长的比例显著高于东部地区和西部地区,仅有20%的中部地区认为从业人员与去年同期相比会减少;在员工工资方面中部地区企业认为增加的比例要高于东部地区和西部地区,仅有5.6%的东部地区企业认为员工工资会减少;在利润水平和营业收入方面,西部地区企业认为增加的比例要高于东部地区和中部地区,有超过1/4的各地区企业认为利润水平与去年同期相比会呈现下降的趋势;在产品价格和营业成本方面,仅有5.6%的东部地区企业认为这两项指标与去年同期相比会下降,东部地区企业认为产品价格上涨的比例要高于中、西部地区,而中部地区企业认为营业成本上涨的比例要显著高于东部和西部地区。

(3) 从不同类型的企业来看,在不同的经营指标中,不同类型的企业表现也各不相同。对于反映企业规模的固定资产投资、接待人数和预订人数三项指标中,外企认为固定资产投资增加的比例要高于其他类型的企业;而在预订人数和接待人数方面,股份制企业表现最为突出,增加的比例最大,外企和私营企业中有超过50%的企业认为预订人数和接待人数与去年同期相比会呈现上升的趋势。在反映企业绩效的利润水平、营业成本、营业收入和产品价格四项指标中,除私营企业外,超过半成的其他类型企业认为以上四项指标与去年同期相比会持平,尤其是国有企业。在利润水平方面,100%的外企认为利润水平与去年同期持平;仅有9.1%的股份制企业认为营业成本与去年同期相比会减少,与上季度相比仅有小幅度的波动;在营业收入和产品价格方面,外企认为与去年同期相比增加的比例要显著高于其他类型的企业,另外有1/4的私营企业认为营业收入会出现下降的趋势,而仅有11.1%的国有企业认为产品价格与去年同期相比会降低。在反映就业情况的两项指标——从业人员和员工工资方面,私营和国有企业认为与去年同期相比增加的比例要显著高于其他类型的企业；另外有11.1%的国有企业认为员工工资会呈现下降的趋势；而有12.5%的私营企业认为从业人员与去年同期相比会减少。总体而言，除预订人数和接待人数两项指标外，各类型的企业在其他指标上以持平和增加为主。

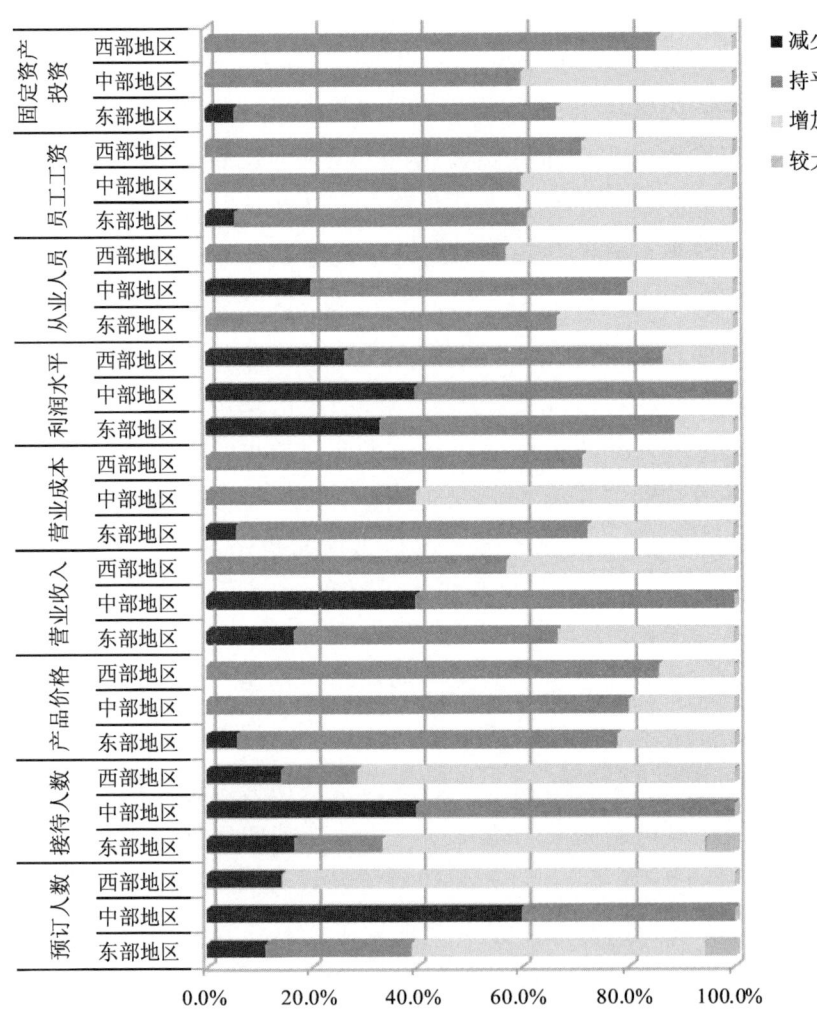

图3-26　2013年第三季度不同地区的旅游综合
企业经营指标同比变动情况

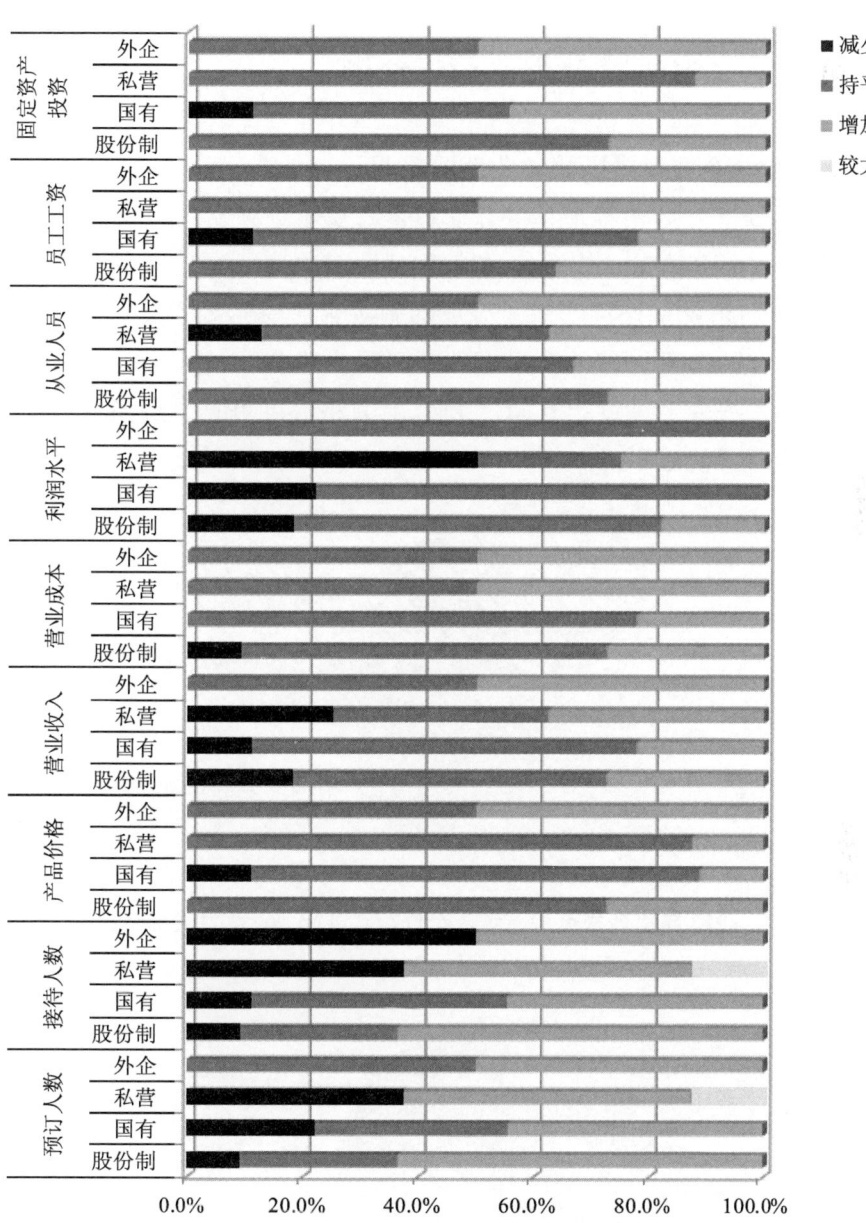

图3-27 2013年第三季度不同类型的旅游综合
企业经营指标同比变动情况

## 三、第三季度旅游综合企业趋势预测

### (一) 旅游综合企业对中国旅游业发展预期

1. 旅游综合企业对第四季度旅游行业总体发展形势预期

根据本季度的调查数据,旅游综合企业对第四季度旅游行业的发展预期集中于"一般"和"乐观"态度。超过五成的旅游企业对第四季度旅游行业的发展状况持相对保守的态度。另外,根据数据显示,半成多的旅游企业认为第四季度旅游行业的发展较上季度出现持平和减少的趋势。可见,旅游综合企业对未来旅游行业的发展信心不足。

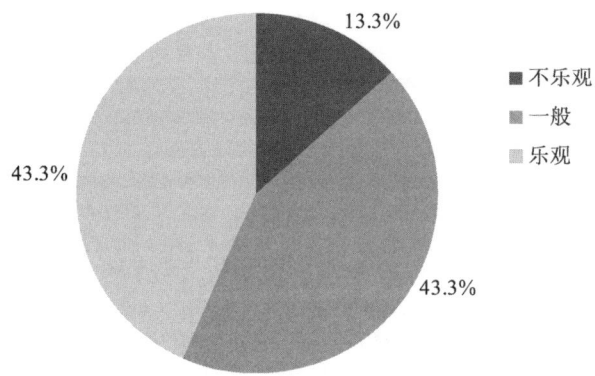

图 3-28　2013 年第四季度旅游综合企业对旅游行业总体发展形势预期

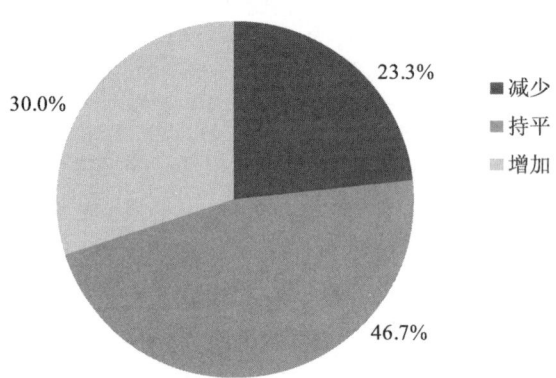

图 3-29　2013 年第四季度与第三季度旅游综合企业经营状况预期比较

2. 旅游综合企业对今年旅游行业总体发展形势的预期

从受访的旅游企业数据显示，接近半成的旅游企业对今年旅游行业的总体发展预期持相对保守的态度，更有 1/5 的旅游企业不看好今年旅游行业的发展。另外，同样有接近 50% 的旅游企业认为今年旅游行业的发展与去年相比会持平，仅有 1/3 左右的企业认为今年旅游行业的发展相较去年会呈现上升的态势。总体而言，旅游企业对今年行业的发展缺乏足够的信心，对行业总体发展预期持相对保守的态度。

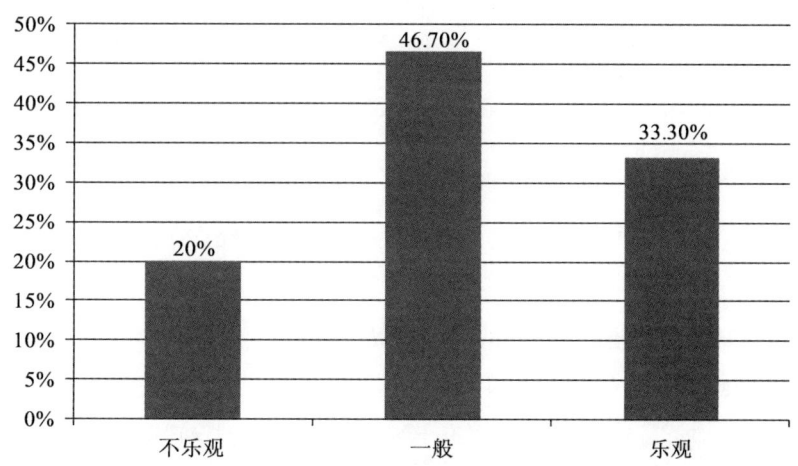

图 3-30　旅游综合企业对今年旅游行业总体发展形势预期

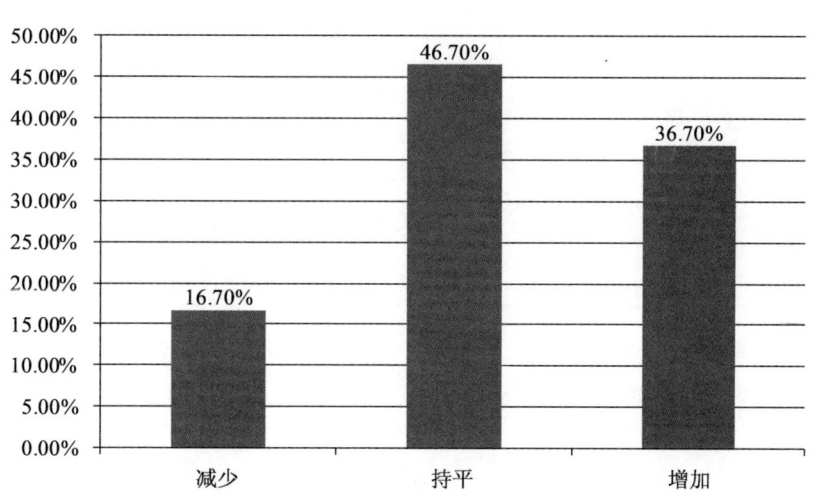

图 3-31　2013 年与 2012 年旅游行业总体发展预期比较

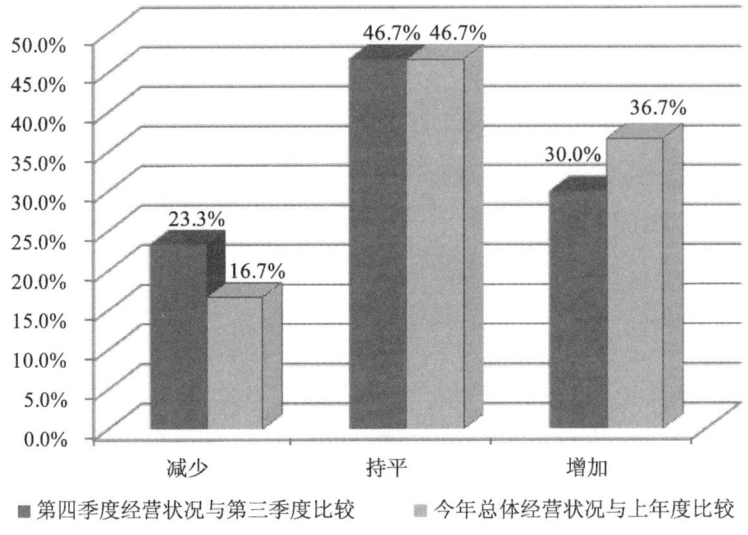

图 3-32　旅游综合企业对本企业发展的预期

**（二）旅游综合企业对本企业经营状况预期**

首先，从旅游综合企业对本企业第四季度的经营预期来看，30%的企业认为第四季度本企业的经营状况要好于上一季度，但有接近五成的企业认为第四季度会与上一季度持平，另有将近1/4的企业对第四季度经营发展持悲观态度，认为本企业的经营在第四季度会下降。从旅游企业对今年本企业的总体经营状况预期来看，仅有不到1/3的企业认为今年的经营状况会好于去年；其次，接近五成的企业持保守的态度，认为今年的经营状况会与去年持平。可见，旅游企业对今年企业发展的信心有所下降。

## 四、第三季度旅游综合企业大事件一览表

| | |
|---|---|
| 2013年7月 | • 港中旅与澳大利亚旅游局签署合作谅解备忘录，这是澳大利亚旅游局首次与中国旅游企业集团达成战略合作。<br>• 国内最大的在线旅游服务商携程旅行网开创了团队游产品"钻级标准"，从2钻到7钻，每个等级都对团队人数、住宿、交通等做了明确规定，使消费者对旅游产品的档次等级一目了然。 |

续表

| | |
|---|---|
| 2013年7月 | • 国内最大的在线旅游服务商携程旅行网、城市SUV"7座王"雪佛兰科帕奇,以及全球知名租车公司安飞士三强联手,推出国内首个"ONE-STOP美式自驾游"平台,为国内消费者提供便捷的一站式租车自家旅游服务。<br>• 去哪儿网发力当地有"去哪儿当地"V2.3开通在线支付。<br>• 中青旅控股股份有限公司再次荣膺2012年度中国第一旅行社集团。<br>• 开元酒店REIT(股份编号:1275,股份名称:开元产业信托)在香港联合交易所有限公司主板成功上市,这是全球第一个中国的酒店REIT。<br>• 铂涛酒店集团宣告成立,郑南雁宣布铂涛酒店集团目前已经完成对国内著名经济型酒店品牌——7天连锁酒店的私有化收购,并一举发布推出铂涛菲诺(Portofino Hotels)、麗枫(Lavande Hotels)、喆啡(JamesJoyce Coffeetel)三个个性十足的新酒店品牌。 |
| 2013年8月 | • 华侨城与中国太平保险集团有限责任公司签订战略合作协议。<br>• 中青旅控股股份有限公司与中国旅游研究院签订战略合作协议。<br>• 目前,一路开足马力高歌猛进的7天连锁酒店,正面临着因加盟商质疑其管理质量、不合理收费过多,以及特许经营权受侵犯而引发的诉讼危机。<br>• 中央酒店旧址将建新的中央海航酒店广场项目,并将成为海南航空集团华南总部和酒店集团总部。<br>• 在线旅游网站流量驱动已变为移动端流量增长驱动,移动端也将成最大预订渠道,艺龙把在线酒店战略调整为移动酒店战略。<br>• 芒果网将采取系列措施提升团购酒店的入住率,通过整合各方面资源,致力于将芒果网酒店团购频道打造成为中国最大的酒店团购平台。 |
| 2013年9月 | • 港中旅集团以511亿元的销售收入位列2013中国企业500强第209名,位列2013中国100大跨国公司第49位,位列2013中国服务业500强第77位。<br>• 去哪儿三星智能手表定制版亮相德国IFA,通过Galaxy Gear智能手表,用户可及时掌握在去哪儿网的机票酒店订单状态、航班动态、旅行目的地天气状态和团购信息。<br>• 华住酒店集团(原汉庭酒店集团)与中国联通在上海签署战略合作协议。华住与中国联通将在基础通信服务、行业应用、合作开发、智慧酒店、联合营销等领域开展全面深化战略合作。<br>• 携程酒店和机票产品在去哪儿全面上线,二者之间的合作方式并不是去哪儿和大多数OTA所采取的TTS模式,而是CPC模式,即用户被引导到携程的网站完成最终预订和付款。<br>• 万达或将并购海外酒店管理企业。大连万达集团董事长王健林表示,他已聘请两家投行来购买酒店管理企业,并购主要在美国市场进行。<br>• 南航、海航有意参股克罗地亚航空公司。据了解,这项收购计划将于未来2~3周内完成,将早于原定计划。 |

## 五、结论与建议

总体来说,旅游综合企业对第三季度经营状况持乐观的态度,信心指数与上季度相比有了较为明显的提高。随着暑期的来临,第三季度旅游业进入销售旺季,旅游综合企业的经营状况较上季度有了显著的改观,对旅游行业的发展充满了信心。但是与去年同期相比,除了接待人数和预订人数有较大幅度的增长外,其余指标持平,尤其是利润水平方面有超过 1/4 的企业认为第三季度利润水平相较去年同期会呈现下降的趋势。结合旅游行业发展现状和企业发展实际,对旅游企业的经营发展提出以下参考性建议:

### (一)需求促进行业转型,政策支持行业发展

随着国民经济的快速发展、居民收入水平的不断提高,旅游逐渐成为当今中国公民所热衷的休闲消费方式,而旅游需求的改变,则推动观光旅游逐渐向休闲旅游转型。与此同时,在这一阶段旅游业不断获得政策支持,国家相关的政策法规将成为旅游行业新一轮发展的助力剂。《国民休闲纲要》《旅游法》等政策法规的相继出台,带薪年假、福利旅游等多种利好政策的逐步落实,预示着未来旅游业将迎来新的发展机遇。

### (二)推动行业深化改革,加快培育市场主体

随着旅游业的快速发展,行业协会亟待通过改革来更好地服务行业发展,应按照国务院 41 号文件的要求,2014 年底前基本实现"各级旅游行业协会的人员和财务关系要与旅游行政管理等部门脱钩"的改革目标。另外,未来行业健康发展的要求推动各类市场中介组织的出现,促进当地社区居民参与到行业发展的过程中,共享行业发展的成果。支持和鼓励私营企业的发展和壮大,推动更多专业化、品牌化的实力企业走向集团化和国际化的道路,加快培育一批有活力和实力的市场主体。

### (三)稳步优化产业结构,更大释放产业功能

旅游产业结构的稳步优化得到了业界的广泛认同。从旅游业内部来看,各种形式的旅游综合体如春笋般冒出;从旅游业外部看,旅游和农业、文化产业、房地产业、工业、IT 业等的融合在不断深入,旅游新业态在不断涌现。另外,旅游产业的带动作用亦相当明显,其对促进就业、推动区域经济的发展、提升城市知名度等方面的作用显得突出,各地地方政府逐渐将旅游业作为促进经济

增长的战略性支柱产业、统筹城乡发展的龙头产业、城市转型发展的先导产业。

### （四）看清市场形势，切莫盲目投资

旅游业良好的发展势头吸引了大批的投资商和开发商来中国各地投资兴建酒店，但是从近一段时间酒店的发展情况来看，希尔顿、万豪、雅高等国际联号酒店集团旗下的高档品牌酒店入住率持续走低，就连前几年发展得如火如荼的经济型连锁酒店的业绩也开始走下坡路，国内酒店业面临过剩危机。北京、南京、三亚、杭州等旅游业发达、商务会议活动密集的城市，酒店业普遍"遇冷"。这些状况主要是国际联号高档酒店抢滩登陆、经济型连锁酒店加速扩张所导致的。此外，房地产投资过热也是一个不容忽视的原因。因此，当下须提醒企业在投资扩张时要看清整个市场的形势，切莫盲目投资。

### （五）提升企业品牌，提高服务质量

随着国内旅游业的快速发展，旅游市场的竞争日趋白热化，而旅游企业竞争的胜败，最终还得取决于旅游企业的品牌和服务质量。实践证明，随着旅游消费者的需求日渐多样化、个性化，旅游企业的发展格局必须改变。一方面，随着旅游消费者的日渐成熟，旅游产品和相关配套设施服务亟待升级，越来越理性的旅游消费者将更加注重全方位服务和旅游体验；另一方面，随着经济和生活水平的提高，开发高端定制化旅游产品已经成为未来旅游发展的一大趋势，医疗旅游、温泉旅游和邮轮等高端度假产品、自由行产品不断涌现，这些都在一定程度上考验着旅行社业专业化的服务和整合能力。

# 2013年第四季度旅游集团景气调查报告

## 一、总体判断

2013年第四季度我国旅游经济运行呈现下滑的发展态势。与2013年第三季度相比，持乐观预期的旅游综合企业的比例有明显的下降趋势。具体表现在以下几个方面：

（1）旅游综合企业信心指数明显下降。相比上个季度，旅游综合企业持乐观态度和非常乐观态度的比例显著下降，仅有四成的受访旅游综合企业对第四季度旅游行业总体发展形势持乐观的态度。

（2）从旅游综合企业的经营状况来看，与今年第三季度相比，接近六成的受访企业认为第四季度企业经营业绩会出现下降的趋势，仅有不到1/3的旅游企业认为相较第三季度，第四季度企业经营业绩会上升。

（3）从旅游综合企业的企业规模来看，三种规模的旅游企业对本季度旅游行业的发展预期所持态度不同。其中，大型旅游企业对本季度及全年旅游行业的发展预期持乐观态度的比例均最高，接近50%；而中型企业对本季度旅游行业的发展预期最不乐观。

（4）从旅游综合企业的企业类型来看，除私营企业和外资企业以外，其他类型的受访企业对第四季度旅游行业发展的乐观预期相对较低，其中私营企业持乐观预期态度的比例最高，其次是外资企业，国有企业最低。

（5）从旅游综合企业的地理区位来看，东部地区的旅游企业对第四季度旅游行业发展持乐观态度的比例最高，而中部地区的旅游企业持乐观态度的比例相对较低，西部地区的旅游企业对第四季度持不乐观态度的比例最高。

（6）从旅游企业经营状况的九项指标看，预订人数、旅游价格、营业收入和营业成本四项指标涨幅较大，而其他各项指标则均以持平为主。

## 二、第四季度旅游综合企业景气分析

全国共有30家旅游综合企业参与了2013年第四季度的调研。此次调研从受访企业的规模来看,大型企业占比超过五成;从受访企业所在地区来看,东部地区的旅游综合企业为本次调研的主体;从受访企业的类型来看,国有企业和股份制企业为本次受访企业的主要类型。特别说明,本次受访企业中兼有一家合资企业和一家外资企业,为方便统计均计入外企。

表3-4 2013年第四季度受访企业规模、地区与类型比例分布情况

| 企业规模 | | | 企业所在地区 | | | 企业类型 | | | |
| --- | --- | --- | --- | --- | --- | --- | --- | --- | --- |
| 小型 | 中型 | 大型 | 东部 | 中部 | 西部 | 国有 | 私营 | 外企 | 股份制 |
| 20% | 23.3% | 56.7% | 56.7% | 10% | 33.3% | 50% | 20% | 6.7% | 23.3% |

### (一)旅游综合企业对中国旅游业发展的判断及预期

1. 对第四季度中国旅游业发展的总体预期

总体而言,仅有四成的受访企业对2013年第四季度旅游行业的总体发展持乐观的态度。与2013年第三季度发展预期相比,持"乐观"和"非常乐观"态度的受访企业比例显著下降,由原来的50%下降到40%;而持"不乐观"态度的受访企业的比例则由原来的10%上升为20%;持"一般"中立态度的受访企业比例与第三季度持平,均为40%;另外,相较第三季度,第四季度中无任何一家受访企业持"非常乐观"的态度。可见,相较第三季度,第四季度旅游综合企业对中国旅游业的发展持较为保守的预期。

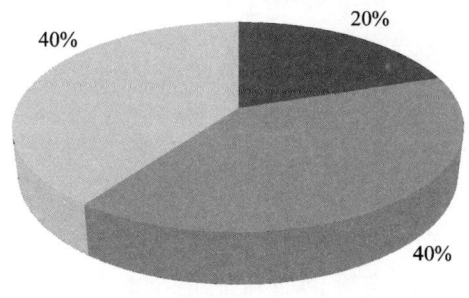

图3-33 旅游综合企业对2013年第四季度旅游行业总体发展形势预期

2. 不同规模、地区、类型企业对旅游业发展的预期

（1）从企业规模来看，不同规模的受访企业对第四季度旅游业的发展预期与第三季度类似，主要集中在"一般"和"乐观"两种态度上。其中，大型企业对第四季度行业发展预期持"乐观"态度的比例最高，为47.1%，比上季度上升了七个百分点，有35.3%的大型企业持"一般"态度，低于上季度的50%，另有17.6%的大型企业持"不乐观"态度，相较上季度略微上升；小型企业对第四季度行业发展预期主要集中于"一般"和"乐观"两种态度上，其中持"乐观"态度的企业比例为33.3%，显著低于上季度的50%，而持"一般"态度的比例由上季度的16.7%上升到50%，而持"不乐观"态度的企业比例则与上季度持平，均为16.7%；中型企业对于第四季度的行业发展预期信心不足，其中持"乐观"态度的比例由上季度的75%下降为28.6%，持"不乐观"态度的比例与上季度基本持平。

（2）从企业所在地区来看，东部地区的企业对第三季度的行业发展预期集中分布在"一般"和"乐观"两个态度上，持"乐观"态度的企业占全部西部地区企业的52.9%，比上季度上升了约二十个百分点；持"不乐观"态度的企业比例与上季度基本持平。中部地区的情况比较特殊，中部地区的企业对第三季度的行业发展预期集中分布在"一般"态度上，其中持"一般"态度的企业由上季度的40%上升到100%，而持"乐观"态度的比例则由上季度的60%下降为0%；西部地区相较上季度变化幅度比较大，其中持"乐观"态度的企业比例由上季度的71.4%下降为30%，而持"不乐观"态度的比例则由上季度的0%上升为30%。东中西部地区的受访企业中对第四季度的行业发展均没有持"非常不乐观"和"非常乐观"态度的企业。总体而言，中部地区对第四季度的旅游行业的发展预期持保守态度。

（3）从企业类型来看，私营企业对第四季度行业发展预期集中分布在"乐观"态度上，相较第三季度，持"乐观"态度的比例显著上升，从上季度的37.5%上升为66.7%，而持"一般"和"不乐观"态度的比例均为16.7%。外资企业对第四季度行业发展集中分布在"一般"和"乐观"态度上，持"一般"态度的企业比例分别为50%，与上一季度均持平。股份制企业对第四季度行业发展集中分布在"乐观"和"不乐观"态度上，两者占比均为42.9%，与上一季度相比持"乐观"态度的股份制企业比例显著低于上季度的72.7%，而持"不乐观"的企业比例则显著高于上季度的9.1%。国有企业中有60%的

企业对第四季度行业发展持"一般"的态度，与上季度基本持平，仅有26.7%的企业持"乐观"的态度，同样与上季度基本持平。总体而言，国有企业对第四季度的行业发展持相对保守的态度，而私营企业则持相对乐观的态度。

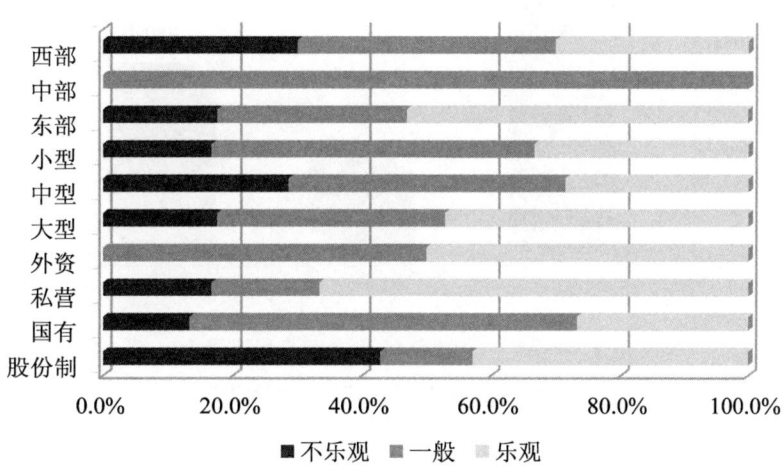

图 3-34 2013 年第四季度不同规模、区域与类型企业对旅游行业的发展预期

总之，不论是规模、地理位置的差异化，还是企业性质的不同，受访企业对行业发展预期持相对保守的态度，主要表现为对行业发展"乐观""非常乐观"比例呈现一定程度的下降，相反持"不乐观"态度的企业比例则有显著的上升趋势，旅游企业对行业发展信心不足。

### （二）旅游综合企业对本企业、本季度经营情况预期

1. 旅游综合企业 2013 年第四季度经营状况总体预期

根据调查结果显示，第四季度旅游企业对自身经营状况的发展预期要明显低于上季度。首先，与 2013 年第三季度相比，仅有 30% 的受访旅游综合企业认为本季度的经营状况会有所上升，相较上个季度足足下降了四十个百分点；其次，认为本季度比上季度经营状况下降的受访企业比例则上涨为 56.7%，相较上个季度增加了五成；而约 13% 的旅游综合企业认为本季度的经营状况与上季度基本持平。无企业认为自身的经营状况比上季度会出现较大上升或较大下降。可见，旅游企业对于第四季度的旅游行业发展信心不足，持相对保守的态度。

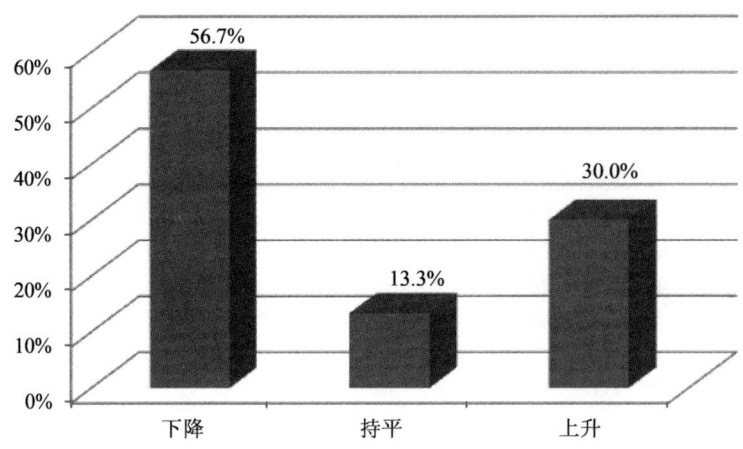

图 3-35　2013 年第四季度与第三季度
旅游综合企业经营状况预期比较

2. 不同规模、地区、类型企业对本企业经营状况的预期

（1）从企业规模来看，无论是大型、中型还是小型旅游企业对本季度经营状况的预期均以"下降"为主，尤其是中型企业。中型旅游企业中认为本季度经营状况会高于上季度的比例仅为 14.3%，显著低于上季度的 75%；而超过八成的中型旅游企业认为本季度的经营状况会下降，显著高于上季度的 5%。小型旅游企业对本季度的经营状况的预期集中分布于"上升"和"下降"，50%的小型旅游企业认为第四季度的经营状况会优于上季度，但这一比例显著低于上季度的 83.3%；而小型旅游企业中认为第三季度的经营状况会低于上季度的比例则由上季度的 0 上涨为 50%。大型旅游企业对本季度的行业发展预期同样不容乐观，仅有 29.4%的受访企业认为本季度的经营状况会上升，显著低于上季度的 65%；而接近五成的受访大型旅游企业认为本季度的经营状况会下降，高出上季度四十多个百分点；另外，有 23.5%的大型旅游企业认为本季度经营状况会与上季度持平，小型、中型旅游企业认为持平的比重均为 0。没有受访企业认为第四季度经营状况会出现较大增长或较大下降。可见，无论是大型旅游企业还是小型或者中型旅游企业，对本季度的经营状况预期都持不乐观的态度。

（2）从企业地区分布来看，中部地区的受访旅游企业对第四季度的经营状况预期最不乐观。具体来看，中部地区 100%的受访旅游企业认为第四季度的经营状况会低于上一季度,而上季度该比例则为0,两者之间形成了鲜明的对比。相对中部和西部而言,东部地区的受访旅游企业对本季度的经营状况还算乐观。首先,有接近五成的受访旅游企业认为第四季度的经营状况会高于上一季度,但是这一比例则要低于上季度的66.6%;其次,东部地区的受访旅游企业认为第四季度的经营状况与上季度持平的比例则由上季度的27.8%下降为11.7%;最后,有41.2%的东部旅游企业认为本季度的经营状况会低于上一季度,这一比例比上一季度高了约三十五个百分点。西部地区对于本季度的经营状况预期同样不容乐观,受访旅游企业中认为本季度的经营状况会低于上季度的比例由上季度的0上升为70%;认为本季度经营状况会高于上季度的仅有10%,显著低于上季度的85.7%;另外,西部地区有20%的受访旅游企业认为本季度经营状况会与上季度持平。各地区没有企业认为第四季度的经营状况会出现较大上升或较大下降。可见,东、中、西部地区旅游企业对本季度的经营状况均持不乐观的态度,尤其是中部地区和西部地区的旅游企业。

(3) 从企业类型来看,除外资企业外,第四季度其他类型的旅游企业对经营状况的预期都有所下降。股份制企业相较其他三种类型的企业对第四季度经营状况的预期最不乐观,有71.4%的受访企业认为第四季度企业经营状况会低于上一季度,显著高于上季度的0;认为第四季度经营状况会高于上一季度的企业比例由上季度的81.8%下降为28.6%。就国有企业而言,认为第四季度经营状况会低于上一季度的企业比例由上季度的11.1%上升为60%,增加了约五十个百分点;仅有20%的国有企业认为第四季度的经营状况会高于上一季度,这一比例显著低于上季度的44.5%;国有企业中认为第四季度经营状况会与上季度持平的比例由上季度的44.4%下降为20%。私营企业对第四季度的经营状况预期同样不容乐观,有五成的受访企业认为本季度经营状况会低于上季度,这一比例显著高于上季度的12.5%;认为本季度经营状况会高于上季度的比例则由上季度的87.5%下降为33.3%。而外资企业对本季度经营状况的预期相对乐观,100%的受访企业认为本季度经营状况会高于上季度。可见,国有、私营和股份制企业对本季度经营发展信心不足,持不乐观的态度。

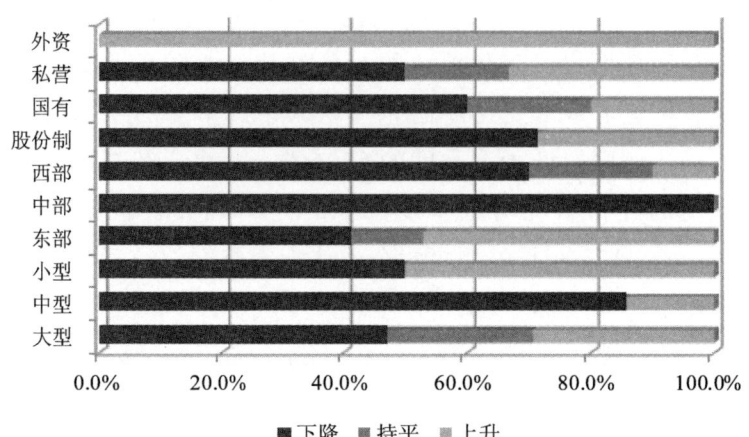

图 3-36 2013 年第四季度不同规模、地区、
类型企业对本企业经营情况的预期

### (三) 具体经营指标分析

总体而言，2013 年第三季度与旅游企业具体经营情况相关的九项指标的运行与去年同期相比，仍旧以持平和增加为主，但是乐观预期要高于上一季度。其中，受访企业中认为接待人数和预订人数增加的比例最高，其次是员工工资，相反认为利润水平减少的比例最大，其次是接待人数和预订人数。

1. 企业具体经营指标分析

(1) 从就业情况的两项指标——从业人员数和员工工资来看，受访企业对两者的预期情况与上季度类似，大部分的受访企业认为从业人员数以及员工工资水平与去年同期持平。其中，认为从业人员数量持平的企业比例为 50%；33.3% 的受访企业认为第四季度的从业人员数相较去年同期会有所增加。另外，认为员工工资水平与去年同期持平的企业比例与上季度持平，均为 60%；36.7% 的受访企业认为员工工资会有所提高；另外，仅有 3.3% 的受访企业认为员工工资会减少，同上季度持平。

(2) 从企业绩效的四个指标——营业收入、营业成本、产品价格以及利润水平来看，除利润水平外，半成的受访企业认为另外三项指标与去年同期相比均会呈现显著的增加。在利润水平方面，有 23.3% 的受访企业认为利润水平会高于去年同期，高于上季度的 13.3%；四成的受访企业认为利润水平会与去年同期持平；另有 36.7% 的受访企业认为利润水平会有所下降，相较上季度上升了十个百分点。在营业成本方面，六成的受访企业认为营业成本与去年同期相比会有所增加，这一比例相较上季度增加了将近三十个百分点；33.3%的受访企业认为营业成本与去年同期相比会持平；仅有6.7%的受访企业认为营业成本会下降，这一比例略高于上季度。在营业收入方面，五成的受访企业认为与去年相比会有所增加，这一比例显著高于上季度的30%；26.7%的受访企业认为与去年相比营业收入会持平；23.3%的受访企业认为营业收入与去年同期相比会下降。在产品价格方面，认为第四季度产品价格与去年同期相比增加的比例由20%增加为56.7%，变化幅度相对较大；四成的受访企业认为产品价格与去年同期相比会持平；仅有3.3%的受访企业认为会下降，与上季度持平。由此可见，第四季度旅游综合企业对本企业的企业绩效持相对保守的态度。

（3）从企业规模的三项指标——预订人数、接待人数和固定资产投资情况来看，第四季度认为接待人数和预订人数增加的企业比例比较大，但在固定资产投资方面却相对保守。具体来看，在固定资产投资方面，36.7%的受访企业认为固定资产投资会增加，这一比例与上季度基本持平；超过五成的受访企业认为固定资产投资与去年同期相比持平；仅有6.7%的受访企业认为固定资产投资会出现下降的趋势，这一比例相较上季度增加了约三个百分点。在接待人数方面，相较上季度，超过四成的受访企业认为接待人数会增加，显著低于上季度的56.6%；另有23.3%的受访企业认为接待人数与去年同期相比会出现下降的趋势，这一比例与上季度基本持平。在预订人数方面，第四季度的分布情

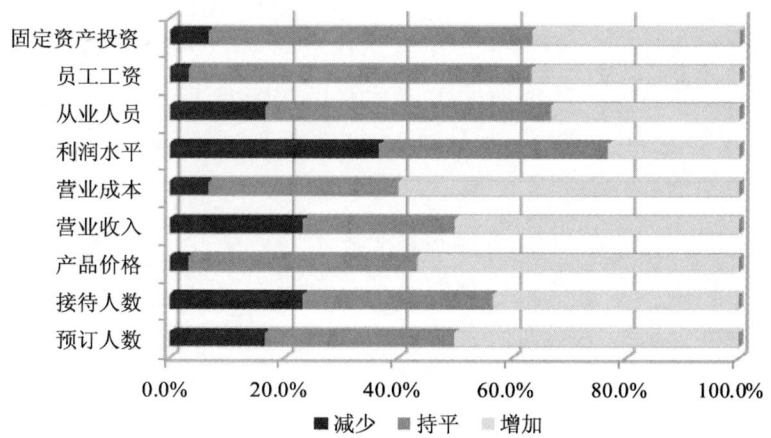

图3-37　2013年第四季度与去年同期相比旅游综合企业经营指标变动情况

况与接待人数分布的情况相同,五成的受访企业认为预订人数与去年同期相比会增加,略低于上一季度;认为预订人数与去年同期相比会下降的企业比例为16.7%,低于上季度的20%。综合表明,第四季度旅游企业对预订人数和接待人数两方面持相对乐观的态度,而对固定资产投入方面持相对保守的态度。

2. 不同规模、地区、类型企业具体经营指标分析

(1) 从企业规模方面来看,第四季度不同类型的旅游企业预期增加的比例与上季度相比有较小幅度的波动,其中认为营业成本和产品价格增加的企业比例有显著上升的趋势。综合来讲,大型旅游企业对经营状况的预期要好于小型和中型旅游企业。受访旅游企业对就业情况相关指标——从业人员人数和员工工资的预期中,超过七成的中型企业认为从业人员数相较去年同期会减少,而大型企业和小型企业认为从业人员会增加的企业比例均不足五成;超过半成的大、小型企业认为从业人员相较去年会持平;50%的小型企业认为员工工资相较去年会增加,而大型企业和小型企业认为员工工资会持平的均超过五成。在反映企业规模变化的固定资产投资、预订人数和接待人数三项指标中,对于固定资产投资的预期,三种规模的企业认为固定资产投资相较去年同期会持平的企业均超过五成;大型企业中认为固定资产投资会增加的比例为47.1%,小型企业为33.3%,中型企业为14.3%,而仅有28.6%的中型企业认为固定资产投资会减少,相较上季度有了显著的下降。预订人数方面,超过半成的大型、小型企业认为预订人数与去年同期相比会有所增加,这一比例与上季度基本持平,而42.9%的中型企业认为预订人数与去年同期持平;大型企业中认为预订人数会减少的企业比例为17.6%,中型企业达到28.6%。接待人数方面,认为与去年同期相比接待人数会增加的小型企业占50%,而中型企业仅为28.6%;认为接待人数与去年同期相比会减少的大型企业为29.4%,中型企业为28.6%,与上季度相比有一定幅度的上涨。从反映企业绩效的四个指标——营业收入、营业成本、产品价格和利润水平来看,大、中、小型企业在营业成本和产品价格指标上与上季度相比有较大幅度的变动。超过五成的三种规模的企业认为营业成本与去年同期相比会增加;85.7%的中型企业认为与去年同期相比产品价格会增加,相较上季度的25%上升了六十个百分点;营业收入方面,超过七成的大型企业认为与去年同期相比会增加,而57.1%的中型企业认为会减少;利润水平方面,五成的小型企业认为与去年同期相比会出现下降的趋势,中型企业认为利润水平下降的也达到42.9%,而35.3%的大型企业则认为与去

年同期相比利润水平会增加。

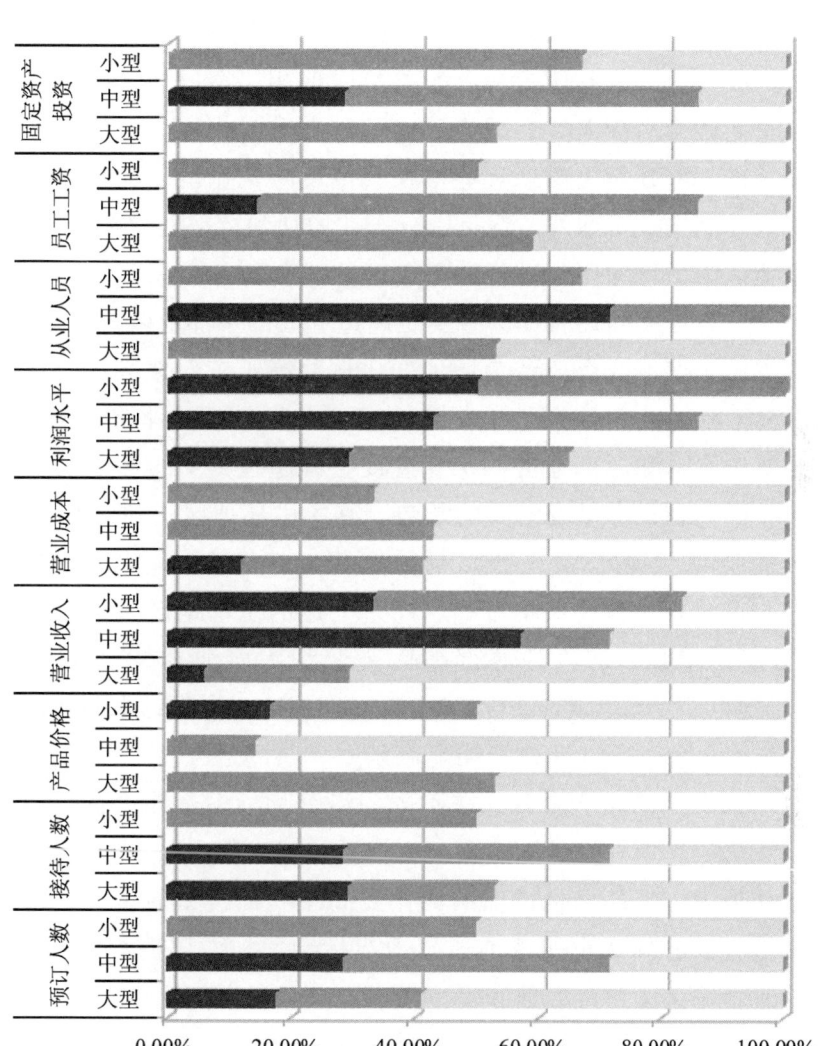

图3-38 2013年第四季度不同规模的旅游综合企业经营指标同比变动情况

（2）从不同地区的旅游企业来看，除利润水平这项指标外，东、中、西部地区的其他各项指标均以持平和增加为主。具体来说，在反映企业规模的固定资产投入、预订人数以及接待人数这三个指标中，西部地区有五成的受访企业认为固定资产投资与去年同期相比会持平，而70.6%的东部地区受访企业认为与去年同期相比会持平，中部地区有33.3%的受访企业认为会减少；在预订人数和接待人数方面，西部地区有五成的受访企业认为接待人数和预订人数与去年同期相比会增加，中部地区认为预订人数会增加的比例则达到66.7%，东部地区有超过四成的受访企业认为两者与去年同期相比会增加，而超过三成的中部地区受访企业认为接待人数会减少，但是与上季度相比，中部地区的企业在预订人数和接待人数方面更要乐观些。在其他反映就业情况和企业绩效的六个指标方面，除利润水平指标外，均集中分布在增加和持平上。在从业人员方面，西部地区企业认为增长的比例显著高于东部地区和西部地区，33.3%的中部地区认为从业人员与去年同期相比会减少，超过五成的东部地区企业认为会持平；在员工工资方面中部地区企业认为增加的比例要高于东部地区和西部地区，仅有5.9%的东部地区企业认为员工工资会减少；在利润水平和营业收入方面，中部地区相对于东部和西部地区持保守态度，有超过1/4的各地区企业认为利润水平与去年同期相比会呈现下降的趋势，其中中部地区达到66.7%，而五成的西部地区企业认为营业收入会增加，中部地区为33.3%，东部地区达到52.9%；在产品价格和营业成本方面，超过七成的东部地区企业认为这两项指标与去年相比会增加，20%的西部地区企业认为营业成本会减少，而仅有5.9%的东部地区企业认为产品价格与去年同期相比会下降，东部地区认为产品价格和营业成本上涨的企业比例要明显高于中、西部地区。

（3）从不同类型的企业来看，在不同的经营指标中，外资企业持相对乐观的态度。对于反映企业规模的固定资产投资、接待人数和预订人数三项指标中，股份制企业认为固定资产投资增加的比例要高于其他类型的企业；而在预订人数和接待人数方面，外资企业认为这两项指标会增加的比例均达到100%，超过四成的国有企业认为预订人数和接待人数与去年同期相比会呈现上升的趋势。在反映企业绩效的利润水平、营业成本、营业收入和产品价格四项指标中，100%的外资企业认为利润水平和营业收入与去年同期相比会增加，超过八成的私营企业认为营业成本和产品价格与去年同期相比会增加。在利润水平方面，五成的私营企业认为利润水平会减少，国有企业为46.7%，股份制企业为14.3%；在营业收入和产品价格方面，71.4%的股份制企业认为营业收入会增加，而仅有6.7%的国有企业认为产品价格与去年同期相比会减少。在反映就业情况的两项指标——从业人员和员工工资方面，四种类型的企业均以持平为主，83.3%的私营企业认为员工工资与去年同期相比会持平，仅有14.3%的股份制企业认为员工工资会减少；有28.6%的股份制企业认为从业人数会呈现下降的趋势，私营企业为16.7%，国有企业为13.3%。总体而言，外资企业相较其他三种类型的企业，对企业经营状况持相对乐观的态度。

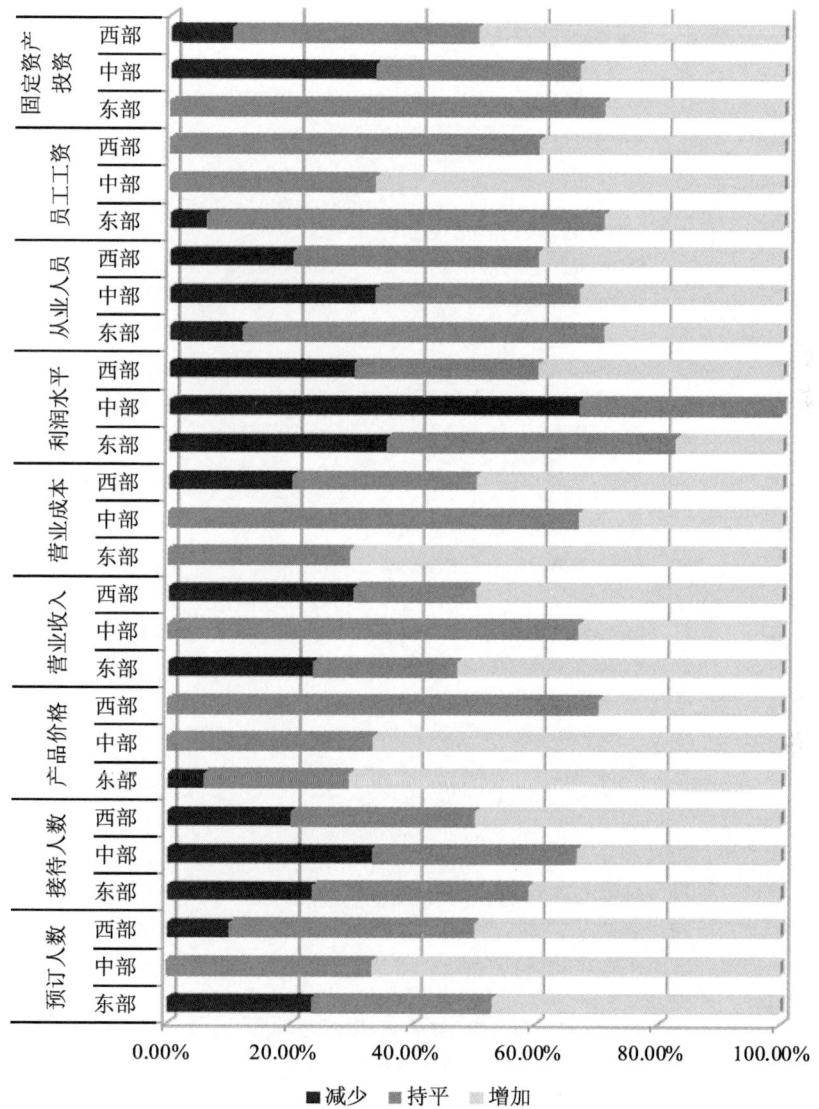

图3-39　2013年第四季度不同地区的旅游综合
企业经营指标同比变动情况

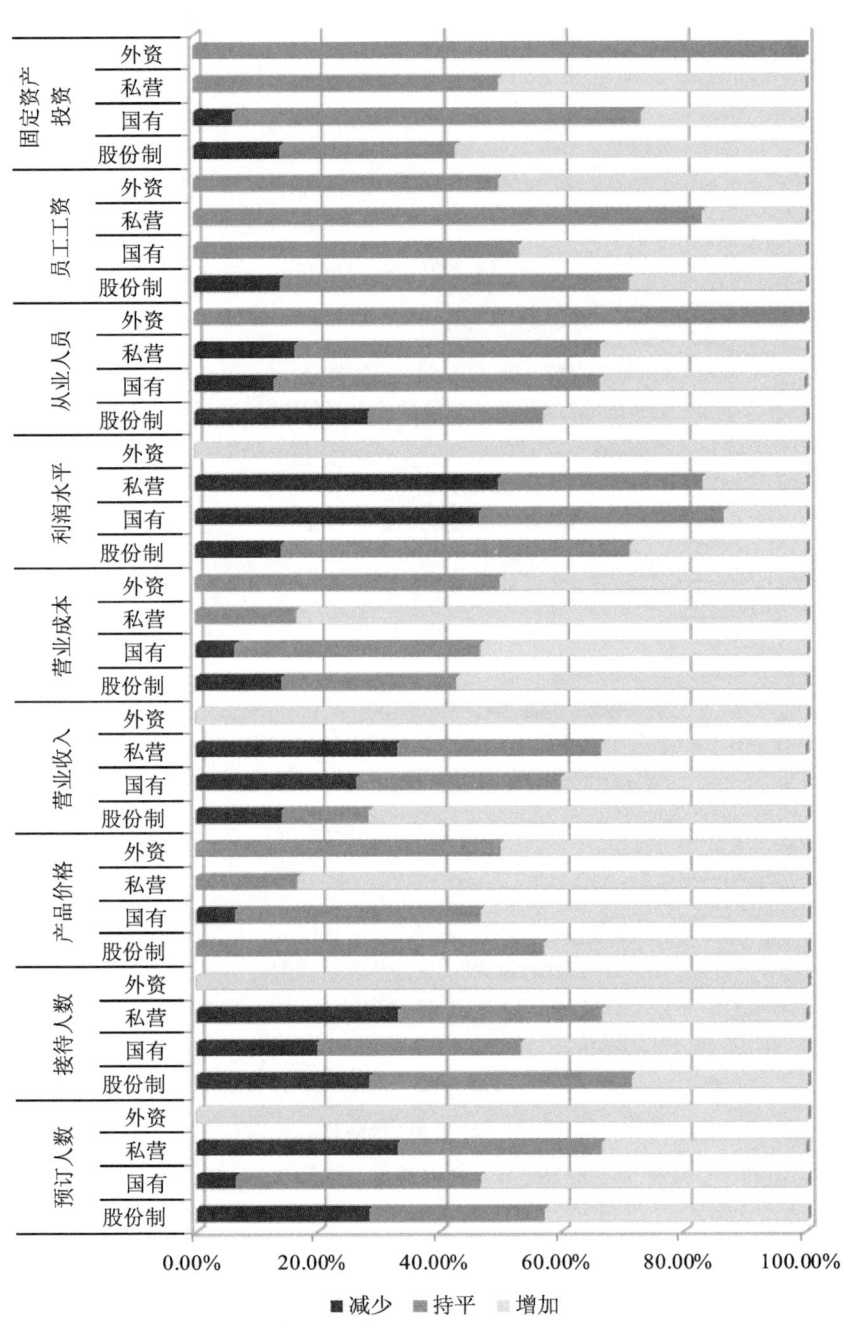

图 3-40 2013 年第四季度不同类型的旅游综合企业经营指标同比变动情况

## 三、2014 年第一季度旅游综合企业趋势预测

### (一) 旅游综合企业对中国旅游业发展预期

1. 旅游综合企业对 2014 年第一季度旅游行业总体发展形势预期

根据本季度的调查数据,旅游综合企业对 2014 年第一季度旅游行业的发展预期集中于"一般"和"乐观"态度。四成的旅游企业对 2014 年第一季度旅游行业的发展状况持相对保守的态度,33.3% 的旅游企业对明年第一季度旅游行业的发展预期持乐观的态度。另外,根据数据显示,63.3% 的旅游企业认为 2014 年第一季度旅游行业的发展较 2013 年第四季度会出现增加的趋势,仅有 6.7% 的旅游企业认为会出现减少的势头。可见,旅游综合企业对未来旅游行业的发展充满信心。

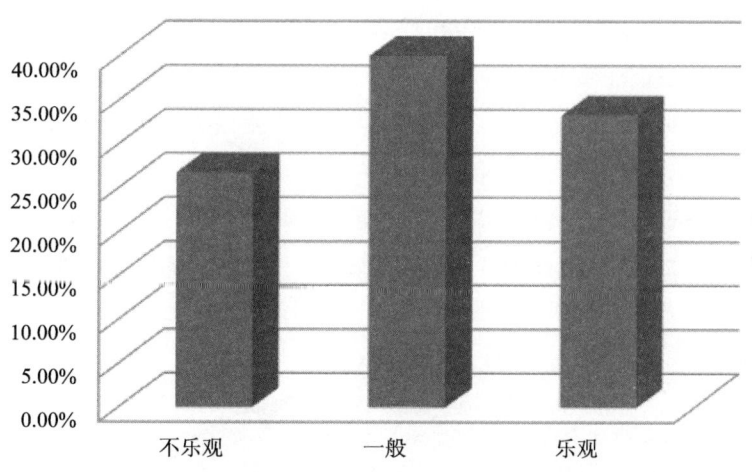

图 3-41 2014 年第一季度旅游综合企业
对旅游行业总体发展形势预期

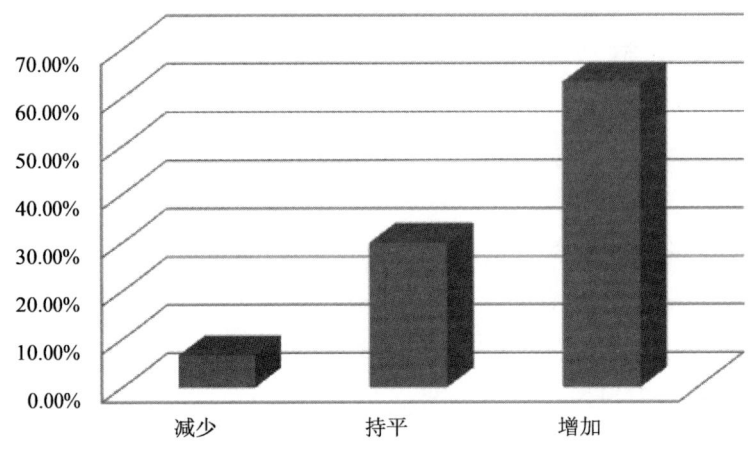

图3-42 2014年第一季度与2013年第四季度
旅游综合企业经营状况预期比较

2. 旅游综合企业对2014年旅游行业总体发展形势的预期

从受访的旅游企业数据显示，接近半成的旅游企业对2014年旅游行业的总体发展预期持相对保守的态度，更有超过1/5的旅游企业不看好2014年旅游行业的发展。而56.7%的旅游企业认为2014年旅游行业的发展与去年相比会增加，26.7%的企业认为2014年旅游行业的发展相较2013年会呈现减少的态势。总体而言，旅游企业对2014年行业的发展信心不足，对行业总体发展预期持相对保守的态度。

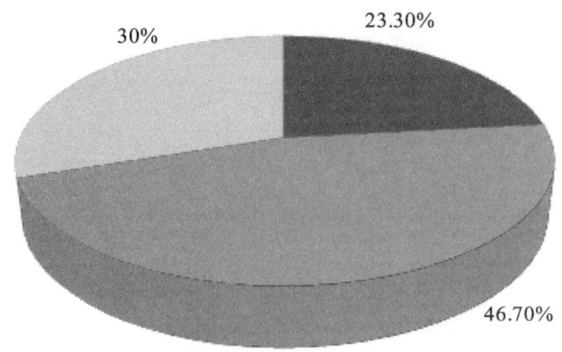

图3-43 旅游综合企业对2014年
旅游行业总体发展形势预期

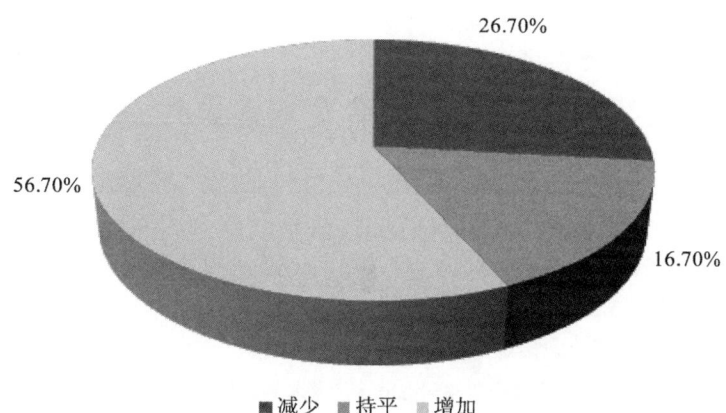

图 3-44 2014年与2013年旅游行业总体发展预期比较

### (二) 旅游综合企业对本企业经营状况预期

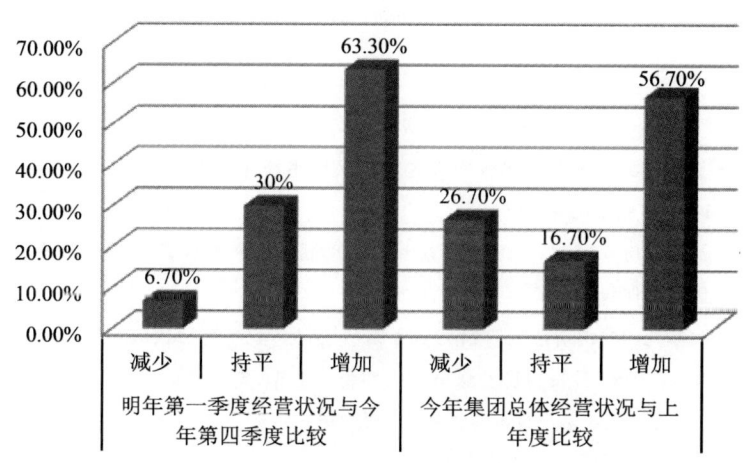

图 3-45 旅游综合企业对本企业发展的预期

首先,从旅游综合企业对本企业2014年第一季度的经营预期来看,63.3%的企业认为明年第一季度本企业的经营状况要好于上一季度,仅有6.7%的企业认为明年第一季度与上一季度相比会减少,三成的受访企业认为会持平。其次,从旅游企业对2014年本企业的总体经营状况预期来看,超过五成的旅游企业认为2014年集团总体经营状况与上年度相比要好,16.7%的企业持保守的态度,认为2014年的经营状况与2013年相比会减少的企业比例为26.7%。可见,旅游企业对2014年企业发展预期持相对乐观的态度,对未来一季度的企业发展有信心。

## 四、2013年第四季度旅游综合企业大事件一览表

| | |
|---|---|
| 2013年10月 | • 华侨城股份与福州市政府签订大型文化旅游综合项目合作协议，预计2016年开业。<br>• 上海滩"老字号"高端酒店华亭宾馆45%股权挂牌出售后，最终被上海锦江国际投资管理有限公司接盘。<br>• 去哪儿旅行iOS7适配版独家进驻全国苹果直营体验店。<br>• 在喜迎三十周年华诞暨亚太商务楼即将盛装开业之际，金陵连锁酒店以300万积分奖励，特别回馈金陵贵宾会员的殷切支持与厚爱。<br>• 同程网与中信银行签署战略合作协议，获得20亿元额度授信，这笔钱将推动同程网无线版图扩张。<br>• 携程推出火车票与机票的比价功能，跨交通方式的选择给用户更全面的选择与比较。 |
| 2013年11月 | • 苹果iOS7推出后，携程除率先将新版应用彻底融入iOS7元素，成为首个完美适配iOS7的一站式旅游应用。<br>• 锦江股份宣布，未来所有中端和经济型酒店资产都放置在锦江都城公司管理，锦江酒店仅保留四星级、五星级酒店。<br>• 去哪儿网在纳斯达克股票交易所成功挂牌上市（交易代码：QUNR），开盘报28.35美元/ADS，较发行价上涨89%，市值高达31.8亿美元。<br>• "金陵"正式落户首批省级经济开发区——苏州吴中经济开发区，同时"金陵"在苏州地区的成员酒店达到6家。<br>• 中青旅公布了2013年非公开发行股票修订版，12亿元的募集资金主要用于收购乌镇旅游股份有限公司15%股权，遨游网平台化、网络化、移动化升级项目和桐乡旅游广场项目。 |

续表

| | |
|---|---|
| 2013年12月 | • 2013年中国旅游发展论坛在海口举行，2013年中国旅游集团20强排名，港中旅集团连续五年获得排名第一。<br>• 华侨城集团与荷兰国际文化合作中心在深圳威尼斯酒店举行文化合作签约仪式。这是双方继2011年签署文化合作协议后的再度携手，也再次证明了华侨城在文化领域的实力和国际影响力。<br>• 锦江酒店管理公司宣布施乐德辞去首席执行官一职，在他离任后，原锦江股份首席执行官张晓强将接任。<br>• 首旅建国签署了一家新项目——丽江雪域纳里建国度假酒店。该项目定位为五星级，2014年7月对外营业。<br>• 海航旅业控股（集团）有限公司上市。<br>• 去哪儿网联合长荣航空推出台湾特价机票，掀起寒假游学热。<br>• 百度、腾讯联合发布去哪儿旅行力推出租车接机。<br>• 继航班管家之后，携程旅行日前正式在手机客户端实现在线选座。<br>• 万达集团的万汇网（www.wanhui.cn）及手机客户端"万汇"上线试运行，筹备已久的万达电商终于露面，定位O2O模式。 |

## 五、结论与建议

总体来说，旅游综合企业对第四季度经营状况持相对保守的态度，信心指数与上季度相比有了较为明显的下降。随着冬季的来临，第四季度旅游业进入销售淡季，旅游综合企业的经营状况较上季度有了显著的下降，对旅游行业发展的信心不足。与去年同期相比，营业成本和产品价格均有较大幅度的增长，五成的受访企业认为营业收入相较去年同期会增加，而在利润水平方面有超过1/3的企业认为第四季度利润水平相较去年同期会呈现下降的趋势。结合旅游行业发展现状和企业发展实际，对于旅游企业的经营发展提出以下参考性建议：

### （一）加大资源整合力度，推动企业组织创新

随着冬季的来临，旅游业进入淡季危机。一些走低价路线、没有稳定资源、品牌知名度较低的小型旅行社很有可能在激烈的市场竞争中被淘汰出局，所以

努力破除旅游企业小、散、弱的被动局面，引导旅游企业整合资本、市场、技术、网络等多方资源，打造旅游企业间的优势联盟才是生存之道。除此之外，需加快促进旅游企业机制转换，推动其形成强大持久的内生发展动力，才能更好地适应未来激烈的市场竞争环境。

### （二）精准定位产品营销，降低企业运营成本

大数据时代已经到来，其为旅游企业与旅游消费者之间建立了一个信息相对透明的公平交易平台，旅游消费者凭借充足的信息来选择旅游供应商和服务商，而旅游企业根据旅游消费者以往行为制作个性化旅游产品。通过大数据旅游企业可以精准选择宣传渠道、客户群体、挑选特定旅游产品，来降低广告成本。以大数据为基础，旅游企业可以对已有的客户分类，找到跟本企业契合且提供价值较高的消费者，让投放广告变得有的放矢，有效地降低企业运营成本。

### （三）时刻关注市场动态，提高整体服务水平

如今的旅游市场变化非常快，以至于很多旅游企业没有及时顺应市场变化从而在激烈的竞争中被淘汰。国家旅游政策法规的发布与推行、旅游消费者需求的转变、新科技的发展与运用等都会给整个旅游市场带来大变动，旅游企业唯有时刻关注市场动态，适时调整企业战略才能在激烈的市场竞争中生存并发展。另外，随着我国旅游业的不断发展与壮大，提高服务水平是一个永恒的话题，旅游企业须做到思想上高度重视，措施上要真正有效，让旅游消费者享受到物超所值的服务。

### （四）健全人才发展机制，提升企业科研水平

旅游从业人员是旅游业发展的核心与关键。无论是酒店行业还是旅行社行业，人才紧缺都是一个紧迫和亟待解决的问题，未来10年将有更多的酒店在全世界建立，中高层管理者的需求将会大大增加。有序开展旅游从业人员准入和培训工作，打造各类人才队伍标准化以及示范性平台，加强旅游人才国际合作与交流很有必要。与此同时，各大旅游企业需加大旅游科研的投入力度，深化科研体制改革，与知名旅游高校联合建设科研平台，以研促商，以商带研，开创并保持学科创新、多学科交融的旅游科研新局面。

### （五）加强企业品牌建设，探索创新旅游产品

旅游企业要立足国际市场，积极参与国际竞争，通过国际参展、会议宣传、质量认证、比赛交流等方式提高自主品牌的知名度和影响力，努力从旅游品牌信号价值、旅游品牌渠道价值、旅游品牌真实享受价值与旅游品牌忠诚价值四

方面系统构建自我品牌。要努力挖掘旅游文化内涵，突出文化特质，创新多种文化旅游展现方式。旅行社可以顺应市场需求，着力开发民族村寨、古村古镇、农业观光和体验式旅游，大力开展生态旅游和红色旅游，积极发展医疗养生、宗教朝圣等个性化专项旅游产品。酒店集团可以响应市场号召，多关注酒店综合体、邮轮酒店、主题酒店、养老型酒店与设计酒店的开发与发展，积极打造市场细分化需求。

## 附件：2013年中国旅游集团20强

| 排名 | 企业名称 | 企业Logo |
|---|---|---|
| 1 | 中国港中旅集团公司 | |
| 2 | 携程旅游集团 | |
| 3 | 华侨城集团公司 | |
| 4 | 锦江国际（集团）有限公司 | |
| 5 | 北京首都旅游集团有限责任公司 | |
| 6 | 海航旅业控股集团有限公司 | |
| 7 | 去哪儿网 | |
| 8 | 中国国旅集团有限公司 | |
| 9 | 上海春秋国际旅行社 | |
| 10 | 南京金陵饭店集团有限公司 | |
| 11 | 广州岭南国际企业集团有限公司 | |
| 12 | 杭州市商贸旅业集团有限公司 | |
| 13 | 中青旅控股股份有限公司 | |

续表

| 排名 | 企业名称 | 企业 Logo |
|---|---|---|
| 13 | 同程网络科技股份有限公司 | |
| 14 | 开元旅业集团有限公司 | |
| 15 | 大连海昌集团有限公司 | |
| 16 | 安徽省旅游集团有限责任公司 | |
| 17 | 景域国际旅游运营集团 | |
| 18 | 宝中旅游（集团） | |
| 19 | 黄山旅游集团 | |
| 20 | 浙江省旅游集团有限责任公司 | |

注：中青旅控股股份有限公司、同程网络科技股份有限公司并列第13名。

责任编辑：果凤双

**图书在版编目(CIP)数据**

中国旅游集团发展报告.2013：商业研发与自主创新：中国旅游集团成长新动力／中国旅游协会，中国旅游研究院著. -- 北京：旅游教育出版社，2014.9

ISBN 978-7-5637-3002-5

Ⅰ.①中… Ⅱ.①中…②中… Ⅲ.①旅游业发展—研究报告—中国—2013 Ⅳ.①F592.3

中国版本图书馆 CIP 数据核字(2014)第 188834 号

## 中国旅游集团发展报告2013

商业研发与自主创新：中国旅游集团成长新动力

中国旅游协会　中国旅游研究院　著

| 出版单位 | 旅游教育出版社 |
|---|---|
| 地　　址 | 北京市朝阳区定福庄南里1号 |
| 邮　　编 | 100024 |
| 发行电话 | (010)65778403 65728372 65767462(传真) |
| 本社网址 | www.tepcb.com |
| E - mail | tepfx@163.com |
| 印刷单位 | 北京中科印刷有限公司 |
| 经销单位 | 新华书店 |
| 开　　本 | 787毫米×1092毫米　1/16 |
| 印　　张 | 11.5 |
| 字　　数 | 159千字 |
| 版　　次 | 2014年9月第1版 |
| 印　　次 | 2014年9月第1次印刷 |
| 定　　价 | 58.00元 |

(图书如有装订差错请与发行部联系)